Lost & Dark Places
Freiburg

Das Waldheiligtum St. Ottilien
(Kapitel 28)

Benedikt Grimmler

Lost & Dark Places
FREIBURG

33 vergessene, verlassene und unheimliche Orte

BRUCKMANN

↑ Das Colombi-Schlössle, Prachtbau mit düsterer Geschichte (Kapitel 8)
↓ Der Bismarckturm – zurecht im Abseits? (Kapitel 11)
↘ Freiburgs berühmtester Schädel (Kapitel 1)

INHALT

33 LOST & DARK PLACES

↑ Blut und Eisen: Fundamente am Schönberg (Kapitel 30)
↗ Tatort eines Meuchelmordes? – das Bischofskreuz (Kapitel 19)

EINLEITUNG

Welches Bild hat man in der Republik von Freiburg? Junge Menschen, vorwiegend Studierende, sitzen an der Dreisam, trinken vegane Smoothies, unterhalten sich über die Nazi-Vergangenheit von Martin Heidegger oder lesen Laurie Penny, bevor sie abends mit dem Fahrrad zurückfahren, um sich in der Flüchtlingshilfe oder einem Projekt zur Aufforstung eines brachliegenden Industriegeländes zu engagieren. Die schon etwas älteren Semester sitzen derweil auf der begrünten Dachterrasse bei einem edlen Markgräfler, unterhalten sich über die Nazi-Vergangenheit von Martin Heidegger oder lesen Adorno, bevor sie abends mit der Straßenbahn in ein Kellertheater, ein Programmkino mit iranischen Untergrundfilmen oder zu einer Diskussion über regenerierbare Energie im Alltag aufbrechen. Alle leben in WGs oder alternativen Wohnprojekten in preisgekrönten klimaneutralen Bauten, sprechen den sanften Tonfall des SC-Trainers Christian Streich und genießen die gefühlt 365 Sonnentage im Jahr.

So oder so ähnlich lauten die Klischees über die Breisgau-Metropole, in denen nicht nur das berühmte Körnchen Wahrheit, sondern auch ein nicht geringes Quantum Neid mitschwingt, sowohl bei Bewunderern als auch Verächtern des Freiburger Lebensgefühls.

Mehr als nur eine Ansammlung von Beton und Altmetall im Wald (Kapitel 30)

Münster, Bächle, Sportklub und Studierende, badische Gelassenheit und ein Hang zum Alternativen sind das eine, aber Freiburg hat, natürlich, auch seine anderen Seiten, hässlichere, schmutzigere, auch dunkle, die aber deshalb nicht weniger faszinierend sein müssen.

Für den Liebhaber klassischer Lost Places, also heruntergekommener Industrieanlagen, stillgelegter Bahnhöfe, leer stehender Hotels oder verlassener Kasernen ist Freiburg nur ein bedingt gutes Suchgebiet, die Stadt ist sehr daran interessiert, solche »Schandflecke« möglichst schnell verschwinden zu lassen und im Gegensatz zu manch anderer Gemeinde oder einem Dörfchen auf dem Land hat man auch die entsprechenden Mittel und Ideen, um längere Brachen zu vermeiden bzw. umzuwandeln – man denke hierbei an die verschiedenen Bahnhofsgelände, auf denen Geschäftszentren oder ganze Stadtviertel neu entstehen. Doch nicht alles kann schnell abgerissen oder renoviert werden, weshalb sich auch in Freiburg der ein oder andere Problemfall wie die Nebenbauten der Komturbrücke, der Bismarckturm oder die Überbleibsel des Bergbaues als typische Vertreter des Verfalls-Charmes präsentieren.

Und uns interessieren natürlich auch die verschwundenen Örtlichkeiten, an die oft nur noch versteckte Reste erinnern.

Trotzdem muss man bei manchem aktuellen Lost Place schnell sein, da er in Kürze womöglich nicht mehr vorhanden sein wird – oder in neuem Glanz erstrahlt. Dieses »Risiko« besteht immer, und in letzterem Fall ist das eher begrüßenswert. Vielen der Beispiele aus unserem Buch wird dieses traurige oder glückliche Schicksal allerdings nicht blühen, sind sie doch anderer Natur. Dazu gehören viele Erinnerungsorte an blutige Ereignisse, denn anders als man aufgrund des heutigen friedlichen Images Freiburgs denkt, ist dessen Geschichte geprägt von Kriegen, Belagerungen und Aufständen, die ihre deutlichen Spuren hinterlassen haben. Bischöfe wurden gemeuchelt, ganze Vororte für immer größere Festungsbauten plattgemacht, eine der heftigsten Schlachten des Dreißigjährigen Krieges wurde hier geschlagen und der Schlossberg mit Bunkern durchzogen.

Schon eher bekannt ist der Ruf Freiburgs als eine Art esoterische Hauptstadt, ein Ort des Okkulten und der Hellseherei. Dafür mögen weniger die Experimente berühmter Schriftsteller wie Karl May, sondern tatsächlich eine gewisse Tradition seit dem 19. Jahrhundert verantwortlich sein, in der sich spiritistische Zirkel, aber im Umfeld der Universität auch skeptische Herangehensweisen bildeten, die schließlich im noch immer existierenden Institut für Grenzgebiete der Psychologie und Psychohygiene gipfelte, der bekanntesten Forschungseinrichtung übersinnlicher Phänomene. Der mysteriöse Fall Vigelius-Schule zeigt, wie nötig diese Arbeit in Freiburg ist. Denn Spuk ist hier keineswegs selten, nicht nur in modernen Schulbauten, auch im Colombi-Schlössle, um die Kartause und an einigen anderen Orten ist es keineswegs geheuer.

Auch das ist ein für Freiburg typischer Zug: Viel Unheimliches verbindet sich mit Persönlichkeiten. Und so werden eben auch markante Touristenschönheiten wie das Colombi- oder das Greiffenegg-Schlössle zu zweifelhaften Orten mit dunklen Vergangenheiten, in denen gestorbene Gräfinnen und mordende Adlige ihre teils zwielichtigen Rollen spielen. Das gilt auch für Aufstandshelden wie den vermeintlichen Metzger am Bischofskreuz oder Joß Fritz, das Phantom von Lehen. Der ist immerhin gesichert nachzuweisen, wenn er auch nie gefasst wurde. Die Diskussion um den Erfinder des Schießpulvers Berthold Schwarz dagegen ist noch immer explosiv. Und dann ist da noch die Griechin Elena Markos, die eine ganz besondere Ballettschule in Freiburg betrieb …

Auch das katholische Freiburg liefert seine Beiträge, sei es in Form verschwindender Kirchen oder seltsamer Nonnen, von alten Wallfahrtsorten oder wandernden Klöstern, nicht vergessen werden auch die heute zur Stadt gehörenden Dörfer drumherum und eine besondere Rolle spielt der Schönberg mit seinen verschiedenen Geheimnissen. Insgesamt ist die Vielfalt an Lost & Dark Places in einer mittelgroßen Stadt wie Freiburg mit ihrem lieblichen Ambiente doch recht erstaunlich. Nur sind viele von ihnen – und das passt dann wieder bestens – etwas anderer Art.

Ferngespräche vom Lorettoberg?
(Kapitel 24)

Das Haus der toten Gräfin
(Kapitel 8)

Ein Grab auf dem Spielplatz
(Kapitel 25)

VERHALTENSREGELN FÜR LOST PLACES

1. Behandeln Sie die Orte mit Respekt

Jedes Bauwerk und jedes Gebäude erzählt eine Geschichte aus vergangenen Tagen. Dies gilt es zu schützen. Und auch wenn es nicht immer so aussieht, hat jeder Lost Place einen Eigentümer. Dies ist zu respektieren und Zuwiderhandlungen können ernsthafte rechtliche Konsequenzen haben. Betreten Sie keine Gebäude oder Grundstücke unbefugt, zerstören oder beschädigen Sie nichts, öffnen Sie nichts gewaltsam. Sind Fenster oder Türen verschlossen, soll das auch so bleiben. Dieses Buch ist so konzipiert, dass Sie viele der Orte frei oder auf Nachfrage betreten dürfen – eine Möglichkeit, die in Freiburg besonders groß ist – oder, falls dies nicht offiziell erlaubt ist, die Orte auch »mit Abstand« erfahren und genießen können.

2. Nehmen Sie nichts mit, lassen Sie nichts da

Wenn Sie etwas von einem Lost Place mitnehmen, und sei es noch so klein, gilt dies als Diebstahl, denn alle diese Orte haben einen Eigentümer. Daher gilt die Regel: Alles bleibt, wie es ist. Belassen Sie es bei den schönen Einblicken und Fotos, die Sie an solchen Orten machen. Das bedeutet auch: Lassen Sie nichts zurück. Keine Essensreste, keine Kaugummis, keine Zigarettenkippen.

3. Rauchen verboten

Das bringt uns zum nächsten Punkt: Rauchen ist hier generell verboten. Zollen Sie dem ehrwürdigen Ort Respekt und verzichten Sie für die Zeit, die Sie da sind, auf das Rauchen. Zigarettenkippen brauchen nicht nur 15 Jahre zum Verrotten (sie sollten übrigens ohnehin nirgends achtlos weggeworfen werden), sondern sie können schnell ein verheerendes Feuer verursachen.

4. Keine Graffiti

Dass Sie nichts hinterlassen sollen, gilt auch für »Kunstwerke« an den Wänden. Lassen Sie Wände und Mauern, wie sie sind. Auch die Menschen nach Ihnen sollen den Ort so erleben können, wie er früher einmal war.

5. Seien Sie vorsichtig und gehen Sie nicht allein

Besonders wichtig: Vorsicht ist besser als Nachsicht. Das gilt vor allem bei Lost Places. Brüchige Mauern, frühere Keller, herumliegende Überreste oder auch Müll, aber auch natürliche Gegebenheiten (Bodenlöcher, Höhlen) bergen einige Gefahren. Zudem liegen – selbst in einer Stadt – manche der Objekte recht einsam. Deshalb ist es ratsam, immer mindestens zu zweit, besser noch zu dritt einen Lost Place zu besuchen. Da gilt die alte Regel: Ist eine Person verletzt, bleibt die zweite vor Ort und die dritte holt Hilfe. Zudem weiß man nie, wen man vor Ort trifft. Plünderer, Spinner oder Betrunkene sind auch oft rund um Lost Places anzutreffen. Da ist es beruhigender, nicht allein unterwegs zu sein.

Die Inschrift erinnert an einen missglückten Besuch (Kapitel 24)

Auf dem Gelände des früheren Kartäuserklosters (Kapitel 27)

1

RUHE SANFT IN KÜHLER ERDE

Der Alte Friedhof

Gut zweihundert Jahre lang ließen die Freiburger ihre Toten im Alten Friedhof beerdigen. Heute versprüht das parkähnliche Gelände den morbiden Charme verfallender Grabmale.

Stadtteil Neuburg **Ort** Karlstr. 39, 79104 Freiburg im Breisgau
GPS 48.000741, 7.856963 **Anfahrt** Bus 27, Haltestelle Hochmeisterstraße; Straßenbahn 4, Haltestelle Tennenbacher Straße

Ruhe sanft – Steinschädel auf steinernem Kissen

Fragmente und Stümpfe verteilen sich in wucherndem Gras.

DIE TOTEN BRAUCHEN PLATZ »Der Staub hier, die Seele bei Gott« – die Inschrift verweist zwar auf die »Bewohner« der damit versehenen Gruft, aber so manchem Grabmal auf dem Alten Friedhof ging es mit der Zeit ähnlich und es zerfiel zu Staub. Knapp 3500 oder mehr waren es einmal, derzeit sind noch gut 1200 übrig, davon nicht wenige in bedenklichem Zustand. Schließlich gibt es ja oft niemanden mehr, der sich um die Verstorbenen kümmert, denn seit 1872 ist der Friedhof offiziell aufgegeben worden, passenderweise am Allerseelentag, dem 2. November, hatte die Stadt den Nachfolger eröffnet. Damit endete die fast zweihundertjährige Geschichte dieses Friedhofes, der 1683 hier eingerichtet werden musste, da wiederum sein Vorgänger den Festungsbauten Vaubans zu weichen hatte – und dieser wieder war selbst einst Anfang des 16. Jahrhunderts vom Münster hin zur Nikolauskirche verlegt worden. Tote werden zwar zu Staub, aber sie nehmen eben trotzdem ziemlich viel Platz ein. Gerade deshalb ist es umso erfreulicher, dass der Alte Friedhof überhaupt noch besteht, denn er befindet sich längst in bester Lage, nahe der Innenstadt, auch hier war Baugrund um 1870 schon sehr beliebt. Der Überlieferung nach haben wir den Erhalt dem Barockkünstler Johann Christian Wentzinger zu verdanken. Der wünschte sein nicht unbeträchtliches Vermögen der Stadt Freiburg zu überlassen – aber nur, wenn sein Grab auf immer erhalten bleibe. Nun, es ist erhalten – und mit ihm zum Glück zahlreiche wunderbare, oft durch ihre Bemoosung, Zerbröselung und Verwitterung zusätzlich auch an unseren Verfall gemahnende Zeugnisse der Sepulkralkultur aus der Zeit des Barock über den Klassizismus bis hin ins Biedermeier und die Gründerzeit.

SCHLAFENDE SCHÖNE … »Wer 77 Jahre gearbeitet, bedarf der Ruhe« – wohl wahr, auch wenn es vielleicht nicht gleich die ewige Ruhe sein muss. Der Tod kommt auf diesem Grabstein immerhin in Form eines jugendlichen Engels daher, der die tatsächlich sehr abgearbeitet aussehende Frau abholt. Gerade

Untröstlich – aber die abgebrochene Spitze ist gewollt.

die Monumente des späten 18. Jahrhunderts erzählen in Reliefs oft ganze Geschichten. So sieht man den Arzt Georg Staravasnig (gestorben 1792) einen Patienten behandeln, der aussieht, als würde er ebenfalls bald seinen Liegeplatz auf dem Friedhof beanspruchen. Ansonsten wandeln sich die Grabmale von der barocken Symbolik mit viel Totenschädeln und Zierrat hin zu den strengeren biedermeierlich-klassizistischen, in denen sich das christliche Dekor zugunsten von abgebrochenen Säulen, leeren Urnen, weinenden Frauen und verlöschenden Fackeln verändert, die Engel wirken eher antik-griechisch als biblisch. Gemahnten die Sprüche vorher an den Tod und die Erlösung, kommt nun sentimentaler das Verlustgefühl und die Hoffnung auf eine gemeinsame Zukunft zum Tragen, wie sie ein schlichtes »Auf Wiedersehen!« ausdrückt. Obwohl nicht wenige Berühmtheiten auf dem Alten Friedhof ihren letzten Aufenthalt gefunden haben, ist das meistbesuchte Grab das eines zu Lebzeiten sicher nicht gerade bekannten Mädchens von nur 16 Jahren, Caroline Christine Walter. Da ihr Schwager ihrer Schwester zuliebe jedoch eine spektakuläre Ruhestätte stiftete, ist die schlafende Schöne, dahindrapiert auf ihrem steinernen Bett, mit der Lektüre in der Hand sanft entschlummert, heute ein beliebtes Fotoobjekt. Und nicht nur das: Über das ganze Jahr hinweg wird sie von Unbekannten mit frischen Blumen versorgt. Früher glaubte man hierfür heimliche Liebhaber verantwortlich – aber das Mädchen ist nun seit 1867 tot.

... UND UNSCHÖNE GESCHICHTEN »Mörder!« stand jahrzehntelang auf einem Grabmal, natürlich nicht eingemeißelt, sondern immer wieder von Neuem mit Kreide daraufgeschmiert. Das Verdikt traf Major Johann Heinrich David von Hennenhofer, den die Freiburger als mitverantwortlich am Schicksal des vermeintlichen Thronfolgers Kaspar Hauser sahen. Zwar war Hennenhofer ein reaktionärer Emporkömmling im Dienste Großherzog Ludwigs und nicht unbedingt ein sympathischer Zeitgenosse, an der ohnehin fragwürdigen Intrige des Karlsruher Hofes war er jedoch eher nicht beteiligt. Gleichwohl war die Stadt die ständigen Beschmutzungen des Grabmales irgendwann leid und ließ es abtransportieren – ins Augustinermuseum. Doch nicht als Ausstellungsstück, sondern als Bodenplatte. Beschmiert wurde daraufhin das Nachbargrabmal. Im Zentrum des Friedhofs, vor der Michaelskapelle (siehe Kapitel 2), steht ein monumentales Kreuz, das 1785 hierher versetzt wurde. Das Kruzifix selbst ist eher klassisch, wäre da nicht der am Fuße des Kreuzes lagernde, äußerst gruselig-bizarre Schädel. Er ist mit allerlei Details versehen: Resten von Haaren, einem Augenlid, einer

Kröte und vor allem einem metallenen Nagel. Die Sage weiß, dass die junge Frau eines Schmiedes gemeinsam mit dessen Gesellen, ihrem Geliebten, den Handwerker umbrachte, indem sie einen Nagel in sein Gehirn trieben. Die Stelle versteckten sie unter dem Haarschopf des Opfers, sodass ihr Verbrechen unbemerkt blieb. Der Schmied wurde beerdigt, Witwe und Geselle konnten unbehelligt zusammenfinden. Doch als Jahre später eine Umbettung stattfand, stellte der Totengräber zu seinem Erstaunen fest, dass sich der ausgegrabene Schädel bewegte. Im Inneren saß eine Kröte. Beim Aufheben entdeckte er schließlich den Nagel. Das mörderische Pärchen wurde festgenommen und hingerichtet. Die Geschichte ist vermutlich gut ausgedacht, aber die eindringliche barocke Todessymbolik des Schädels verfehlt ihre Wirkung auch heute keineswegs.

Das besondere Erlebnis

»Du bist dahin und kehrest nimmer wieder / Mit dir schwand alle Freud', all unser Lebensglück.« Wenn Sie auf der Suche nach einem stilvollen Grabspruch (hier der für den 3¼ Jahre alten Albert Biehler, gestorben 1865) sind oder einfach eine Zeitreise durch zwei Jahrhunderte oft ergreifender, manchmal bizarrer Grabstättenlyrik unternehmen wollen, so finden Sie auf der Internetseite der Gesellschaft der Freunde und Förderer des Alten Friedhofs in Freiburg e. V. sowohl das Verzeichnis des Stadtschreibers Berthold Stoehr von 1904 mit knapp 3500 Inschriften als auch ein aktuelleres Inventar aus den 1980er-Jahren, das die noch vorhandenen 1170 Grabdenkmäler mit Fotoaufnahmen umfasst (Infos: www.alter-friedhof-freiburg.de/inventar).

↓ Tiefe Trauer, ergreifend dargestellt.
↘ Andere Grabmale sind eher klassisch schlicht.

Macht auch keinen Halt vor der eleganten Jugend: der Tod

2

DER TODT IST IHM DAS LIEBSTE BRODT

Der Freiburger Totentanz

Mahnend, warnend, aber auch tröstend, so holt der Tod höchstpersönlich die Freiburger früher oder später ab – und zwar alle. Das verspricht der Totentanz an der Michaelskapelle. Er hat allerdings selbst ein bedauernswertes Schicksal.

Stadtteil Neuburg **Ort** Karlstr. 39, 79104 Freiburg im Breisgau **GPS** 48.000955, 7.857076 **Anfahrt** Bus 27, Haltestelle Hochmeisterstraße; Straßenbahn 4, Haltestelle Tennenbacher Straße

FREUND HEIN Hatten unsere Vorfahren ein entspannteres Verhältnis zum Tod? Oder warum sonst hätten sie sich, seit dem Mittelalter, aber insbesondere im Barock, gern mit allerlei drastischen Bildern von grinsenden Skeletten, verwesenden Körpern, Symbolen wie ablaufenden Sanduhren, leicht platzenden Seifenblasen oder faulendem Obst umgeben? Anders als Stillleben mit ihren subtileren Hinweisen sind sogenannte Totentänze wesentlich deutlicher: Der Tod in Form eines Gerippes kommt vorbei und bittet nicht zum Tanz – wie er es im Mittelalter oft noch tat –, sondern reißt sein Opfer unbarmherzig mitten aus dem Leben. Die Bilder, die sich oft auf der Außenseite von Kirchen oder Karnern (Beinhauskapellen) im oder am Friedhof fanden, waren Warnung, Mahnung und Trost zugleich. Selbst wir kennen noch Sprüche wie: »Das letzte Hemd hat keine Taschen.« Der Tod als Gleichmacher war ein Grundthema der Totentänze, die im deutschsprachigen Raum erstmals in unserer Region auftauchten, am Oberrhein und in Oberschwaben, in Basel und Ulm gab es erste Beispiele um etwa 1440. Der Tod ist uns allen gewiss, Jungen und Alten, Reichen und Mächtigen, Armen und Unterdrückten. Nur die Zeit seines Kommens kennt niemand, auch daran erinnert der Totentanz. In Freiburg entstand er spät, aber sinnigerweise auf dem alten Friedhof (siehe Kapitel 1). Die Michaelskapelle war geradezu überfrachtet mit allerlei Todessymbolik, wie sie das Barockzeitalter so liebte, ob das unsere Vorfahren nun wirklich entspannter sahen, mag offenbleiben, vielleicht war es einfach nur ein ähnlicher

Eine der Lehren: Auch das Schulkind bleibt nicht verschont.

Grusel, wie er uns heute beim Anblick der Bilder noch befällt, der sie reizte.

DER GEVATTER Die Michaelskapelle wurde erst Jahrzehnte nach der Verlagerung des Friedhofs gebaut, um 1720, 1744 bei der Belagerung der Stadt erlitt sie sogleich schwere Schäden und wurde einige Jahre später bei der Wiedererrichtung erweitert und kurz darauf mit einer Vorhalle versehen. Diese erhielt im Inneren schließlich zum Ende des Jahrhunderts hin, das Barockzeitalter neigte sich bereits dem Ende zu, eine ihrer Funktion angemessene Bemalung: einen Totentanz. Der Maler ist unbekannt, allerlei Vermutungen ranken sich um den Künstler, wobei Simon Göser, der auch für das Hochaltarbild verantwortlich war, unter den Experten am höchsten gehandelt wird. Wer auch immer es war, er schuf zwölf Bilder, die sowohl die Lebensalter als auch die verschiedenen Stände repräsentierten.

Sein Tod, das übliche Skelett ist bei seiner Arbeit mit einem großen Pfeil versehen, ein Attribut, das interessanterweise eher aus der norddeutschen Tradition stammt, wo Freund Hein gerne als Bogenschütze dargestellt wird, der unbemerkt jeden trifft. Der Freiburger Tod fühlte sich recht heimisch, im Hintergrund waren örtliche Sehenswürdigkeiten in der Landschaft zu erkennen, Burg Zähringen, das Greiffenegg-Schlössle oder die Schwarzwaldberge – ob diese schon beim allerersten Totentanz so zu sehen waren, ist allerdings unklar. Klar dagegen ist, dass der Maler sich wenig Zurückhaltung auferlegte, seinen Totentanz sogar mit einem Schuss makabrem Humor versah, vor allem in den beigefügten lakonischen Spruchzeilen. Er beginnt mit den Lebensaltern, der Säugling wird vom Tod ebenso wenig verschont wie das Schulkind.

»Das ABC kaumb schreibt der knab / ruefft ihn der Tod schon in das Grab«, das junge Mädchen ergreift er beim »Zopf«, den jugendlichen Burschen beim Fechten. Die eitle Dame des Hauses wird bei der Morgentoilette gestört, »Mit aschen zierth der Todt das Haubt / Die besser als der puder taugt«, der Mann wird vom Kreuz der Ehe erlöst, seine Gattin von ihrem zankhaften Betragen. Bei den Ständen schließlich macht der Tod keinerlei Unterschied zwischen einem Pfarrer, der sich soeben auf ein Requiem vorbereitet, das zu seinem eigenen wird, einem Adligen, dessen Kutsche er in den Abgrund lenkt, einem Bettler, der sich sogar auf den Tod freut, einem Bauern und einem Geizhals, »Du narr was hülft die gelt begier, / Heunt kombt der Todt, was nimbst mit dir«.

DER SENSENMANN Nicht nur der Totentanz, auch zahlreiche weitere Bilder in und an der Vorhalle kreisten um das Thema Sterben. Eine Apotheke etwa verwies auf die Beschränktheit der menschlichen Arzneikunst, »Es Hüllft zue letzt kein medicin / Willst ein Artz neu gehe dorten hin« – in die gegenüberliegend dargestellte Kirche. Auf die Vorhalle wurde eine riesenhafte Uhr – das Ablaufen der Zeit und die ungewisse Stunde des Todes verkörpernd – aufgemalt, flankiert von zwei Skeletten und umgeben von weiteren Anspielungen auf den Tod. Der Standort der Malereien in der offenen Vorhalle erwies sich allerdings zunehmend als ernsthaftes Problem. Wind und Wetter ausgesetzt, erwiesen sich auch die Bilder als äußerst vergänglich. Mehrfach musste der Totentanz nun übermalt werden, wobei die jeweiligen Künstler sich nicht mit einer einfachen Renovierung begnügten, sondern oft eigene Ideen einbrachten – was regelmäßig zu Kontroversen führte. Beim Luftangriff auf Freiburg 1944 schien die Michaelskapelle nur leicht beschädigt worden zu sein: ein Irrtum. Im darauffolgenden Sommer brach ihr

Schwarzer Humor: Asche aufs Haupt statt Puder auf die Perücke

Dachstuhl an den Folgen der Erschütterungen zusammen, eine Renovierung stand erst einmal nicht oben auf der Prioritätenliste – wichtigere Gebäude hatten Vorrang. Der Totentanz hat diese Zeit nicht überlebt, er war inzwischen völlig verwittert. Wieder kam es zu Auseinandersetzungen: Sollte man ihn überhaupt wieder auftragen – und durch wen und in welcher Form, als originale Kopie oder modern angepasst? Im Jahr 1963 erfolgte eine vereinfachte Neubemalung als Kompromiss zwischen der Tradition und zeitgenössischem Stil durch den Tiroler Wolfram Köberl, die Fassadenmalerei dagegen wurde nicht wiederhergestellt. Der Tod tanzt also noch immer in Freiburg, auch wenn er inzwischen einmal mehr eine Renovierung nötig hätte. Aber es ging ihm zumindest besser als manchem seiner Opfer, wie – natürlich – ebenfalls einer der drastischen Sprüche der Kapelle einst ungeniert bemerkte: »Bis zue dem Grab begleuth man Dich / Liegst in dem Grab vergüst man Dich.«

Das besondere Erlebnis

Der erwähnte Basler Totentanz ist wegen seines Alters berühmt, aber auch wegen einer Verwechslung. An der Mauer des Friedhofs des Basler Dominikanerklosters angebracht, erging es ihm wie dem späteren Freiburger Pendant, er litt arg unter den Witterungsverhältnissen. So kam es 1568 zu einer ersten Überarbeitung des Originals. Da Hans Holbein d. J., langjähriger Basler Bürger, zuvor einen äußerst einflussreichen und weit verbreiteten Totentanz in den Druck gegeben hatte, hielt man ihn später auch für den Erneuerer der Bilder an der Friedhofsmauer, obwohl Holbein die Stadt längst verlassen hatte – und zur Zeit der Renovierung bereits seit 25 Jahren tot war. Die Zeitläufte waren dem Basler Totentanz ohnehin nicht gnädig. Noch mehrfach erneuert, wurde er schließlich in stark verwahrlostem Zustand 1805 mitsamt der Friedhofsmauer abgebrochen. Bruchstücke finden sich im Historischen Museum Basel.

3

ZUM ZWEITEN MAL VERSCHWUNDEN

Die Ludwigskirche

Es war eine großartige Idee: Statt die ehrwürdige alte Klosterkirche Tennenbach abzureißen, wurde sie als erste evangelische Kirche nach Freiburg versetzt. Heute ist von ihr (fast) nichts mehr zu sehen.

Stadtteil Neuburg **Ort** Stadtstr. 12, 79104 Freiburg im Breisgau
GPS 48.002297, 7.858540 **Anfahrt** Bus 27, Haltestelle Hochmeisterstraße; Straßenbahn 4, Haltestelle Tennenbacher Straße

Geblieben sind nur Bruchstücke einer stolzen Vergangenheit.

Der romanische Stil ist an den Fragmenten noch erkennbar.

WEG DAMIT »Tennenbacher« war in den 1820er-Jahren zum Schimpfwort geworden. Nach der Aufhebung der bedeutenden Zisterzienserabtei, die im 12. Jahrhundert gegründet worden war, Reformation und mehrere Kriege überstanden hatte, aber im Rahmen der Säkularisation nun an das Großherzogtum Baden gefallen war, herrschte dort seit 1806 kein beschauliches Klosterleben mehr, in dem sich Mönche dem Gebet und Studien widmeten, sondern aus Sicht der Regierung, vor allem aber der benachbarten Ortschaften eine Art anarchistisches Chaos. Dass die Brüder sich einst abseits großer Durchgangswege und Städte zurückgezogen hatten, war zum Nachteil geworden, denn der Großherzog fand für die umfangreichen Gebäude keine lukrative Nachnutzung, andere Klöster wurden zu Gefängnissen, Amtsbauten, Brauereien oder Fabriken, aber hier im Nichts fand sich kein Käufer für eine sinnvolle Anschlussverwendung. Während der Kriege gegen den zurückgekehrten Napoleon 1814/15 wurde Tennenbach schließlich zwischenzeitlich zum Lazarett, doch das bedeutete lediglich, dass hierher Soldaten ausgelagert wurden, die nur noch zum Sterben kamen, sei es, weil sie schwer verwundet waren, sei es, weil sie so eng zusammengepfercht lagen, dass Seuchen ein leichtes Spiel mit ihnen hatten. Gut 1500 überlebten ihren Aufenthalt im ehemaligen Kloster nicht, dessen Gebäude durch die Zweckentfremdung auch nicht unbedingt in besseren Zustand gerieten. So lebten in den heruntergekommenen, größtenteils ungenutzten Bauten die inzwischen arbeits- und heimatlosen früheren Klosterangestellten mit ihren Familien. Ihr Ruf war, gelinde ausgedrückt, nicht der Beste, sie wurden der Sittenverwahrlosung und allerlei anderer Vergehen bezichtigt.

EIN GESCHENK FÜR DEN GROSSHERZOG

Da kam eine Idee aus Freiburg gerade recht. 1821 wurde der katholische Bischofssitz für Baden von Konstanz nach Freiburg verlegt und hinzukommend zum Erzbistum aufgewertet. Diesen Prestigegewinn verdankte die Stadt unter anderem auch dem Engagement

Reich verziert, aber funktionslos geworden: Bogenteile

des Großherzogs Ludwig – eines Protestanten. Nachdem 1827 dann auch endlich der erste Erzbischof seinen Dienst angetreten hatte, wollten sich die Stadtoberhäupter bei Ludwig erkenntlich zeigen und ihm ein Denkmal errichten. Nach einigem Hin und Her einigte man sich auf einen cleveren Vorschlag: Man würde dem Landesvater zu Ehren die erste eigene evangelische Pfarrkirche in Freiburg bauen, ein Vorhaben, das auch in Karlsruhe gut ankam und dort Gefallen fand. Irgendwer brachte dann das Kloster Tennenbach ins Spiel, beziehungsweise dessen große romanische Klosterkirche. Aus Karlsruher Sicht war nämlich, was erst einmal seltsam klang, die komplette Übertragung des Gotteshauses nach Freiburg, eine absolute Gewinnsituation. Die Kirche in Tennenbach musste nicht mehr vom Staat unterhalten werden, vor Ort war sie weg, woraufhin auch der Rest der Gebäude abgerissen werden konnte, man sparte Material, setzte ein ökumenisches Zeichen und erwies sich zugleich als ehrender Nachfolger der eigenen Ahnen, lagen in der Klosterkirche doch einige frühere Hachberger Markgrafen begraben. Nachdem in Freiburg auch noch ein repräsentativer Bauplatz in der Sichtachse des Münsters direkt an der (heutigen) Habsburgerstraße gefunden war, konnte die Abwanderung in die Tat umgesetzt werden. Stein für Stein fuhr das Gotteshaus auf Wagen von Tennenbach nach Freiburg, aus der katholischen Kloster- wurde die evangelische Ludwigskirche. Ganz so einfach lagen die Dinge allerdings trotzdem nicht. Die Grabmäler der großherzoglichen Vorfahren hatten reichlich gelitten, sie wurden durch neue Monumente ersetzt. Und die kamen nicht in die neue alte Kirche, sondern in eine Grabkapelle des Münsters.

ALT UND NEU UND WIEDER WEG Es ist auch fraglich, ob einer der überlebenden Tennenbacher Mönche, sollte er nach 1829 Freiburg besucht haben, seine frühere Klosterkirche wiedererkannt hätte. Ein Eins-zu-Eins-Wiederaufbau fand nicht statt. Der badische Residenzbaumeister Heinrich Hübsch sah seine Aufgabe darin, die Vorlage den aus seiner Sicht modernen Verhältnissen anzupassen. Er war ein Vertreter historistischen Bauens, für ihn hatte die Kirche romanischer zu sein als romanisch – deswegen wurden alle späteren Zubauten aus der Gotik beseitigt. Statt des gedrungenen Glockenturms setzte er dem Dach einen hochragenden mehrstöckigen und weit sichtbaren Vierungsturm auf, die Kirche wurde verkürzt, aber verbreitert, der Chor völlig verändert. Manches hiervon war aufgrund der neuen Nutzung als protestantische Predigerkirche notwendig geworden, vieles aber entsprach eher Hübschs

Vorstellungen des von ihm bevorzugten Rundbogenstils, sodass die Ludwigskirche vielmehr einem neoromanischen Neubau des frühen 19. Jahrhunderts statt einem romanischen Münster des 12. Jahrhunderts glich. Doch Freiburg hatte nun sein vorzeigbares evangelisches Gotteshaus und trotz aller Abstriche war die Erinnerung an Tennenbach in ihm mitenthalten. Dann kam der 27. November 1944. Die Ludwigskirche lag unglückseligerweise genau in der Nähe der Straßenkreuzung, die die britischen Luftverbände als Hauptorientierungspunkt für ihren Angriff markiert hatten. Gleich zu Beginn des Bombardements wurde sie direkt getroffen – und es blieb so gut wie nichts von ihr übrig, nicht einmal eine Ruine, sondern lediglich ein paar Steinhaufen. Ein Neubau erfolgte, aber an anderem Platz und bewusst im Sinne der Moderne. In den Betonbau wurden jedoch einige Steine aus der Vorgängerin integriert, auch auf dem Vorplatz sind noch einige Fragmente zu bewundern. Die Tennenbacher Klosterkirche, scheinbar gerettet, hatte ihr Schicksal doch noch eingeholt.

Das besondere Erlebnis

Der passende Ausflug ins Freiburger Umland führt naturgemäß an den alten Standort der Vorgängerin der Ludwigskirche in Tennenbach. Von Emmendingen aus führen sehr schöne Wanderwege oder auch eine kleine Landstraße zu der Lichtung, auf der einst das große und bedeutende Zisterzienserkloster seinen Platz hatte. Zwar ist davon kaum noch etwas zu sehen; was blieb, lädt aber zum Verweilen ein: Die gotische Kapelle des einstigen Klosterspitals als recht malerisches Überbleibsel in der Landschaft und das nahe Gasthaus zum Engel, das anschließend Möglichkeit zur Rast bietet. Mehr über das wechselhafte Schicksal der Abtei erfährt man außerdem im Band »Lost & Dark Places Schwarzwald«.

Entstammt dies dem 12. oder dem 19. Jahrhundert?

Einladend, aber auch ein bisschen unheimlich ist die rote Fassade des Hauses zum Walfisch.

4

DIE TÖDLICHE TANZSCHULE

Das Haus zum Walfisch

Was als harmlose Ballettausbildung beginnen sollte, wurde 1977 in einer Freiburger Tanzschule zum wahren Horror: Hinter dem schönen Äußeren des Hauses verbargen sich schreckliche Ereignisse.

Altstadt **Ort** Franziskanerstr. 5, 79098 Freiburg im Breisgau **GPS** 47.996342, 7.850616
Anfahrt Bus 27, Haltestelle Europaplatz; Straßenbahn 4 und 5, Haltestelle Europaplatz

DER HORROR, DER HORROR 1895 kam die Griechin Elena Markos nach Freiburg, ihre Ankunft war einerseits von allerlei Gerüchten begleitet, mehrfach soll sie aus anderen Ländern ausgewiesen worden sein, gleichzeitig hatte sie einen hervorragenden Ruf als Ballettlehrerin, ein von ihr verfasstes Buch galt als Standardwerk. In der Escherstraße ließ sie von dem Architekten E. Varelli ein Haus nach ihrem Geschmack errichten, in dem sie sowohl ihre Tanzkurse als auch immer wieder Veranstaltungen abhielt, die sich mit okkulten Themen befassten – in der Zeit um 1900, dem Fin-de-Siècle, keineswegs ungewöhnlich. Wohl bei einer dieser Sitzungen brach 1905 ein Feuer aus, das einen Teil des Baus zerstörte und mehrere Menschen tötete, darunter auch Elena Markos. Die Tanzakademie wurde jedoch wieder aufgebaut und im Sinne ihrer Gründerin weitergeführt, allerdings ohne das okkulte Nebengeschäft. Der Ruf der Schule war international, sodass sie auch von zahlreichen Zöglingen aus dem Ausland besucht wurde. Zu diesen gehörte die Amerikanerin Suzy Banyon, die ihren Aufenthalt 1977 in einer schwierigen Zeit für die Akademie begann, wie sie selbst bald bemerken sollte. Aufgrund der Verwirrung vor Ort wurde sie sogar am Abend ihrer Ankunft abgewiesen, war doch ein Mädchen aus dem Internat entflohen und am nächsten Tag gemeinsam mit einer Freundin tot aufgefunden worden. Die Polizei war ratlos. Dabei sollte es jedoch nicht bleiben, binnen kurzer Zeit wurde die Tanzakademie von einem Lebensmittelskandal heimgesucht, vor allem jedoch starben der angestellte Pianist und ein weiteres Mädchen. Suzy Banyon selbst versuchte nach dem Tod ihrer Kameradin Licht in die Vorgänge zu bringen und stieß dabei auf eine Verschwörung des Schulpersonals – unter der Anleitung von Elena Markos, die keineswegs verstorben war und nie ihre okkulten Praktiken aufgegeben hatte.

SUSPIRIA Nun, spätestens jetzt dürften Zweifel aufgetaucht sein, Elena Markos wird nämlich ein Alter von gut 140 Jahren bescheinigt. Und eine Escherstraße gibt es in Freiburg ebenso wenig wie ein Gebäude von E. Varelli, was nicht verwundert, denn auch der Architekt ist ein Fantasieprodukt. Entsprungen sind sie alle dem Film beziehungsweise Kopf des italienischen Regisseurs Dario Argento, der mit »Suspiria« einen der faszinierendsten Horrorfilme der Kinogeschichte schuf, der noch heute sowohl bei Fans als auch Kritikern höchste Anerkennung findet, manchen gilt er als einer, wenn nicht der beste seines Genres in Europa oder überhaupt. Und er spielt in Freiburg. Die Gründe hierfür sind das Haus zum Walfisch und wohl auch der Ruf Freiburgs als eine Art

Tritt ein, hier wird zum Tanz gebeten.

okkultes Zentrum, der gerade in jenen Tagen weit verbreitet war – nicht umsonst treten in dem Film Wissenschaftler auf, verkörpert von den deutschen Schauspielern Rudolf Schündler und Udo Kier, die als Psychologen eine ambivalente Haltung zwischen Rationalität und der Akzeptanz der Vorgänge einnehmen und auf das IGPP (siehe Kapitel 6) anspielen dürften. Das Haus zum Walfisch in der Franziskanerstraße – die Umbenennung erfolgte als Hommage an den Schweizer Künstler H. C. Escher – mit seiner roten Fassade entstammt nicht dem späten 19. Jahrhundert, auch wenn es in jener Zeit aufwendig restauriert wurde, sondern zählt zu den herausragenden Beispielen profaner Baukunst der Spätgotik – in der Stadt, aber auch in Deutschland. Erbaut zwischen 1516 und 1530 auf Veranlassung des reichen Adligen und Freiburger Bürgers Jakob Villinger, der als Finanzberater in Diensten Kaiser Maximilians I. stand, ging es nach vielen Besitzerwechseln 1909 an die Sparkasse über, der es auch noch heute gehört.

Der Portalerker ist ein Meisterstück der Spätgotik.

STILVOLLER SCHOCKER Eine Drehgenehmigung für die Innenräume des Gebäudes erhielt Argento nicht, was verschmerzbar war, da er die Fassade ohnehin in einem Studio detailgetreu nachbauen ließ und das Innere ganz nach seinem eigenen Geschmack gestaltete. Dass »Suspiria« zu einem Filmklassiker wurde, hat unter anderem nämlich mit der Ausstattung und der Innenarchitektur zu tun, einem Sammelsurium von Stilen, barock bis expressionistisch, surreal bis Art Nouveau, bewusst aufgenommen mit einer damals bereits veralteten Technik, eingetaucht in an sich unmögliche Farben und Farbkombinationen. Hinzu kommt eine musikalische Begleitung durch den originären Soundtrack der italienischen Progressive-Rock-Band Goblin, der ein eingängiges wiederkehrendes Motiv aufweist, aber zugleich bedrohlich und beunruhigend wirkt. Der Film steckt zudem voller Anspielungen auf Kunst, Literatur und natürlich andere Filme von Hitchcock bis Fritz Lang – selbst die Besetzung mit Größen des amerikanischen (Joan Bennett) und italienischen Filmes (Alida Valli) verweist auf manche Vorgänger. Freiburg darf also stolz sein, Teil eines Gesamtkunstwerks zu sein, das internationale Verehrung genießt. Dass große Teile erkennbar in München spielen (und auch dort gedreht wurden) – der dortige Königsplatz nimmt eine prominente Rolle ein, wenn der blinde Klavierspieler von seinem eigenen Hund zerfleischt wird, oder das BMW-Hochhaus, wo der Psychologenkongress stattfindet –, stört dabei kaum, auch nicht, dass die vermeintliche Tanzakademie abseits der Stadt in einem Wald steht. Der Schwarzwald – gleich zu Beginn auf dem Flughafen auf Plakaten angepriesen – war ein weiteres Motiv für Argento, Freiburg als Schauplatz

Schreckliches ging hinter diesen Fenstern vor sich.

zu wählen. Und er setzte ihn als düsteren, sehr, sehr schwarzen Wald in Szene, in dem ständig trüber Platzregen zu herrschen scheint. Wer den Film einmal gesehen hat, der wird die an sich so beeindruckende und aufwendig gestaltete Fassade des Hauses zum Walfisch nie mehr mit den gleichen Augen betrachten, ist ihm doch bewusst, was hinter diesen Mauern vorging. Hier, wo die Hexe Elena Markos die Unterwerfung Freiburgs unter ihren Willen plante.

Das besondere Erlebnis

»Erasmus-Palais« wird das Haus im Film einmal genannt und auch die Plakette neben dem Portal, die an den Aufenthalt des Erasmus von Rotterdam erinnert, wird mehrfach prominent gezeigt. 1529 weilte der berühmte Humanist und Schriftsteller in der damaligen Barfüßergasse auf Einladung der Witwe des Erbauers Villinger. Allerdings gab es immer wieder Unstimmigkeiten in Bezug auf die Miete, nach zwei Jahren zog Erasmus aus und innerhalb Freiburgs um. Ob Villingers kaiserlicher Freund Maximilian I. tatsächlich jemals geplant hatte, das stattliche Gebäude zum Alterssitz zu nehmen, ist noch immer heftig umstritten. Urkundlich belegt ist dagegen der – wenn auch nur kurze – Übernachtungsaufenthalt seines späteren Nachfolgers Ferdinand I. (reg. 1558–1564). Erasmus von Rotterdam soll sich übrigens während seiner Freiburger Tage von Hexen bedroht gefühlt haben …

5

DER UNHEIMLICHE MÖNCH

Berthold Schwarz

Er ist so etwas wie die »Lost & Dark Person« Freiburgs: Berthold Schwarz, der Franziskaner, der angeblich das Schwarzpulver erfunden hat. Der Streit um seine Existenz ist nicht minder explosiv.

Altstadt **Ort** Rathausplatz 5, 79098 Freiburg im Breisgau **GPS** 47.996323, 7.849790
Anfahrt Bus 27, Haltestelle Fahnenbergplatz; Straßenbahn 1, 2, 3, 4 und 5, Haltestelle Stadttheater

Nur ein Flügel des Kreuzgangs des früheren Franziskanerklosters blieb erhalten.

DER LEGENDÄRE MÖNCH Legende ist im Deutschen ein zweideutiges Wort. Ursprünglich ist es ein Fachbegriff, der eine Heiligenerzählung bezeichnet, eine biografische Geschichte über einen zwar meistens tatsächlich existierenden Menschen, die allerdings mit Ausschmückungen versehen ist, etwa der Zuschreibung von Wundertaten. So ist beispielsweise die heilige Elisabeth von Thüringen eine konkrete historische Person, das berühmte Rosenwunder – zu ihrem Schutz verwandelte sich Brot in Blumen – aber Teil ihrer Legende. Daraus entwickelte sich eine Aufteilung der Bedeutungen. Sprechen wir vom legendären Helden der Antike Herkules, so wollen wir damit ausdrücken, dass uns bewusst ist, dass es sich um einen Mythos, um eine fiktive Person handelt. Erzählt ihnen jemand etwas vom legendären Trainer des SC Freiburg Volker Finke, dann möchte er nicht behaupten, den habe es nie gegeben, sondern vielmehr seinen Respekt ausdrücken für außergewöhnliche Taten, die gewissermaßen fast an Wunder grenzen. Berthold Schwarz ist unzweifelhaft eine Freiburger Legende – nur welcher Art? Obwohl es sich der Überlieferung nach um einen Mönch handelte, ist er definitiv kein Heiliger. Aber ist er nun legendär, weil es ihn nie gegeben oder weil er Erinnerungswürdiges vollbracht hat? Letzterer Meinung waren in jedem Fall die Freiburger Stadtväter, als sie ihm 1853 an prominentem Platz vor seiner vermeintlichen einstigen Wirkungsstätte, dem Franziskanerkloster, ein monumentales Denkmal errichten ließen, 500 Jahre nach seiner spektakulären Entdeckung des nach ihm benannten Schwarzpulvers, wie man meinte. Daran ist vermutlich rein gar nichts korrekt.

NAMEN SIND KNALL UND RAUCH Das Denkmal hatte in jedem Fall schon mal den Vorteil aus Sicht der Obrigkeit, dass es die

Denkmal für einen erfundenen Erfinder?

eigentlich für den Platz vorgesehene und kurzzeitig aufgestellte Büste des liberalen Vordenkers Karl von Rotteck verdrängte. Ersetzt wurde es durch jemanden, dessen Ansehen anfangs ähnlich gering war wie die seiner angeblichen Erfindung: Petrarca, der große italienische Schriftsteller, schrieb bereits 1360, »der Teufel hat solche Sündlein aufgebracht, und ist deren Urheber wahrlich ein schädlicher Mensch gewest, männiglich Schaden zuzufügen geneigt«. Sebastian Münster, einer der Hauptverbreiter der Geschichte Bertholds, nannte ihn im 16. Jahrhundert einen Bösewicht, der es wert gewesen wäre, »daß man ihn in ein Geschütz gestoßen und an einen Turm geschossen« hätte. Luther, Leibniz und nicht wenige mehr sahen in seiner Erfindung »ein teuflisches Werk«. Doch die Ansichten hatten sich offenkundig bis Mitte des 19. Jahrhunderts geändert, nun gab es sogar allerlei Streit um den Geburts- oder wenigstens Aufenthaltsort des Erfinders des Schwarzpulvers, und Freiburg glaubte, hier gute Karten zu haben. Denn der Kern der Geschichte um den Franziskanermönch Berthold Schwarz ist bis heute weit verbreitet und vielen in ihren Grundzügen bekannt: Berthold hatte in seinem Freiburger Kloster alchemistische Experimente betrieben, um Gold herzustellen, dafür verschiedene Mittelchen, unter anderem Salpeter, in einem Topf vermischt, einen Deckel daraufgesetzt und diese Mixtur schließlich erhitzt – die dann unter lautem Knall buchstäblich in die Luft flog. Der Sprengstoff war entdeckt. Dieses »Schwarzpulver« konnte man natürlich auch friedlich einsetzen, in Bergwerken, in Steinbrüchen, im Straßenbau, aber vor allem revolutionierte er damit das Militärwesen. Geschehen 1353, oder doch eher um 1380, oder … um 1250, wie der Zürcher Autor Felix Hemmerlin 1450 schrieb, der die Geschichte aufgriff, die dann Sebastian Münster übernahm, der sie allerdings wieder ganz anders datierte – und das Datum dann in der nächsten Auflage revidierte. Und so entstand ein ganzes Sammelsurium an Jahren, in denen Berthold Schwarz seine durchschlagende Erfindung machte. Das ist nicht so erstaunlich, denn es gibt zugleich eine ähnlich große Anzahl an Städten, wo ihm dies gelang, von Nürnberg über Prag bis Köln, unter denen sich Freiburg nur langsam herauskristallisierte und Namen hatte Berthold ebenfalls recht viele, so wie er zahlreichen Orden angehörte – oder wiederum einfach gar keinem.

DER SCHWARZKÜNSTLER In sogenannten Feuerwerksbüchern überlieferten die Büchsenmeister die damals noch wenigen vertraute Handhabung von Geschützen, schwiegen sich aber über die Gemische des Pulvers wohlweislich aus, diese – wie wir bereits wissen, auch nicht sehr angesehene Kunst – blieb ihr gut gehütetes Geheimnis. In einem dieser Bücher, anfangs als Handschrift, später im Druck verbreitet, aus der Zeit um 1420 ist »ain maister hies niger perichtold« genannt, der zufällig die Wirkung des Pulvers erkannte, er wird weder als Mönch bezeichnet, noch sein Nachname erwähnt, »niger« – lateinisch für schwarz – bezog sich auf die Art seiner Forschung, er war ein Alchemist, ein Nigromant, ein »Schwarzkünstler«. Daraus wurde schließlich Berthold Schwarz. Da sich ein Mönch oder überhaupt eine Person solchen Namens im Freiburg des Spätmittelalters verständlicherweise nicht nachweisen ließ, wurden neue Erklärungen gesucht, vermutlich handelte es sich um den Ordensnamen, dahinter stehe ein Konstantin Anklitzen. Der war

zwar ebenfalls für jene Jahre nicht nachweisbar, aber mit etwas Fantasie ließ sich dies als typisch Breisgauer Name deuten. Auch dass das Pulver längst in China genutzt, zudem schon vor Berthold in Europa bekannt war, ließ sich umdeuten: Er habe es verfeinert, perfektioniert, beziehungsweise bestimmte Geschütze erfunden, daher der Nachruhm. Dafür sei er sogar 1388 in Prag auf Geheiß König Wenzels hingerichtet worden. Festzuhalten bleibt, dass die Geschichte des Berthold Schwarz im Lauf der Zeit immer mehr komplexere, aber nicht unbedingt besser belegte Formen annahm und bis heute teils heftig geführte Kontroversen unter Bertholdianern und Wissenschaftlern hervorruft, die diesen für einen »erfundenen Erfinder« halten. Die Frage birgt also immer noch ganz schön Zündstoff. Leser von Krimis aber wissen: Legende, das ist unter Agenten und verdeckten Ermittlern auch ein Fachbegriff für – eine fingierte Biografie.

Das besondere Erlebnis

Vielleicht hat er nie existiert, aber das hindert Berthold Schwarz keineswegs, noch immer sehr aktiv zu sein. Und so kann man ihm weiterhin in Freiburg begegnen – und zwar höchstpersönlich. Entweder in der Fasnet, wo er des Öfteren seine Auftritte hat und für ganz andere Enthüllungen sorgt. Oder man begibt sich mit ihm auf Stadterkundung, denn wer wüsste besser Bescheid als »der Mönch« über das mittelalterliche Freiburg und seine dunklen Geheimnisse? (Erlebnisführungen unter: www.guiders.de/tour/1539-schauspielfuehrung-freiburg-der-moench)

Der Platz an Schwarz' vermeintlichem Kloster rund um sein Denkmal ist heute belebt-beliebt.

6

DAS SPUKHAUS

Institut für Grenzgebiete der Psychologie und Psychohygiene

Der wahrscheinlich unheimlichste Ort in ganz Freiburg ist ein unauffälliger, nüchterner moderner Bau, unscheinbar eingereiht in die Fluchten der Geschäfts- und Bürohäuser der Innenstadt.

Altstadt **Ort** Wilhelmstr. 3A, 79098 Freiburg im Breisgau
GPS 47.993224, 7.842740 **Anfahrt** Busse ZOB am Hauptbahnhof; Straßenbahn 5, Haltestelle Erbprinzenstraße

AUF DER JAGD Im Sommer 2014 ereigneten sich im Wald bei Freiburg mysteriöse Dinge: Jäger hatten dort an einer Futterstelle für Tiere auf einer Lichtung schon des Öfteren eine Wildschweinherde durchziehen sehen, sodass sie sich entschlossen, dort eine Wildtierkamera aufzustellen. Diese reagiert auf Bewegungen und löst dann im Sekundentakt jeweils drei Bilder aus. Nachdem seit einiger Zeit die Wildschweine ausblieben, begutachteten die Jäger ihr Filmmaterial genauer und fanden dort auch die Erklärung. Auf Bildern vom 2. Juli war von Büschen verdeckt eine äußerst seltsame Gestalt zu sehen, ein kleingewachsenes Wesen mit dunklen schlitzartigen Augen in einem verzerrten, unbehaarten Schädel. Kurz darauf, am 4. Juli, war auf den Fotos ein seltsam verschwommener weißer Fleck, offenbar in heftiger Bewegung, zu erkennen. Den Waidmännern und -frauen war nicht klar, was oder wer diese Gestalt sein sollte – und so holten sie sich professionelle Hilfe bei Mitarbeitern des IGPP, des Instituts für Grenzgebiete der Psychologie und Psychohygiene. Die dortigen Experten unterzogen die Bilder und Aussagen der Jäger einer genauen Untersuchung, zogen Vergleichsaufnahmen und ihr Wissen über Wahrnehmungspsychologie heran. Der weiße Fleck war bald als Insekt identifiziert, das in geringem Abstand auf die Kamera zugeflogen und deshalb nur verschwommen sichtbar war. Das mysteriöse, alienartige Wesen stellte sich – höchstwahrscheinlich – als größtenteils verdeckter, im Gebüsch herumschleichender Eichelhäher heraus. Ungeklärt blieb, warum die Wildschweine den Ort vorerst nicht mehr aufsuchten (eine Kurzversion des Falles mit den Bildern findet sich auf der Homepage des IGPP unter der Rubrik »Schaufenster ins Archiv«).

WISSENSCHAFT GEGEN ESOTERIK Der Fall ist gleich in mehrerlei Hinsicht symptomatisch. Einerseits steht er für die Akzeptanz des IGPP (nicht nur) in Freiburg als Autorität auf dem Gebiet des scheinbar Unerklärlichen. Und andererseits sind an ihm gut die Methoden des Instituts mitzuverfolgen: Das Phänomen wird nicht nur vorurteilsfrei, sondern von ausgebildeten Fachleuten mit wissenschaftlichen Methoden

Hier wimmelt es, unbemerkt von vielen Freiburgern, von Geistern und anderem Unheimlichen.

untersucht. »Der Akzent der parapsychologischen Forschung von heute liegt ganz und gar auf der Sicherung der Fakten und der Erforschung der Bedingungen ihres Auftretens«, äußerte Hans Bender bereits 1960. Das akribische Vorgehen wird dokumentiert und archiviert, und es wird nicht nur das Ergebnis präsentiert, zugleich wird eine Erklärung gesucht, warum – in diesem Fall – solche Wahrnehmungsfehler entstehen können. Das äußerlich Nüchterne des neuen Gebäudes – früher residierte man in Herdern auf der Eichhalde – passt somit bestens zum Prinzip des Instituts, sich von einem neutralen, rationalen Standpunkt aus der Untersuchung von Spuk, Hellseherei, Telepathie und anderen Phänomenen vermeintlich unerklärlicher Natur zu widmen. Und gerade in Freiburg hatte es immer schon eine Tradition gegeben, sich mit Okkultismus oder Spiritismus (siehe Kapitel 28) auseinanderzusetzen. Bereits früh existierten in der Breisgau-Metropole sowohl begeisterte Anhänger als auch skeptische Beobachter, die in ersten Experimenten untersuchten, ob etwas dran sei an dem angeblichen Blick in die Zukunft, dem Gespräch mit den Toten oder den herumfliegenden Gegenständen in geschlossenen Räumen. Zu klaren Ergebnissen kam es dabei selten.

HANS BENDERS »GEISTERSTUNDEN« Die Voraussetzungen waren folglich gut, als 1950 der gebürtige Freiburger Hans Bender, ausgebildeter und mehrfach promovierter Romanist, Philosoph, Psychologe und Mediziner, das IGPP gründete, das mit der Universität verbunden war, die ihm den deutschlandweit einzigartigen Lehrstuhl für Parapsychologie einrichtete. Benders Ansatz war eine experimentell-sachliche Betrachtung übernatürlicher Phänomene, vorurteilsfrei sollte an Spukerscheinungen, übersinnliche Erfahrungen, PSI, Telepathie oder Hellseherei mit wissenschaftlichen Methoden herangegangen werden. Der wortgewandte und charismatische Professor hielt nicht nur stets gut besuchte Vorlesungen an der Universität, von den Studierenden gerne als seine »Geisterstunden« bezeichnet, sondern war ein gern gesehener Vortragender, schrieb viel gelesene Bücher und war zudem oft auf Reisen, um vor Ort Erklärungen für das Unerklärliche nachzugehen. Um sein Aufgabengebiet populär zu machen, arbeitete er nicht nur mit vielen anderen Wissenschaftlern insbesondere aus den Bereichen Physik und Psychologie zusammen, sondern setzte seine Expertise auch in bundesweit Schlagzeilen machenden Fällen wie den Auftritten des »Löffelverbiegers« Uri Geller, dem Spuk in einer Rosenheimer Anwaltskanzlei und dem berühmten sprechenden Geist »Chopper« aus einer Zahnarztpraxis bei Regensburg zur Verfügung. Richtig recht machen konnten Bender und seine Mitarbeiter es beiden Seiten nie so ganz: Den Okkultisten, Esoterikern und Geistergläubigen war das IGPP zu rational und skeptisch, viele Wissenschaftler dagegen fanden das Untersuchungsgebiet trotz allem zu unseriös. Gleichwohl hatte Bender die Parapsychologie in Freiburg und Deutschland dauerhaft etabliert, auch nach seinem Tod 1991 existiert das IGPP weiter, untersucht rätselhafte Erscheinungen in der Gegenwart und Vergangenheit und bietet unter dem Stichwort Psychohygiene Hilfe für Menschen an, die in irgendeiner Weise entweder unter ihren eigenen Fähigkeiten leiden oder sich von für sie unerklärlichen Ereignissen bedroht fühlen. Wer Geister sucht, wird sie im IGPP unzweifelhaft finden, denn dort versammelt sich inzwischen umfangreiches Archivmaterial, bestehend aus eigenen untersuchten Fällen (wie etwa dem des Heiner Scholz, siehe Kapitel 22), aber auch den Nachlässen von früheren Forschern oder auch übersinnlich Begabten. Eine wahre

Subtiler Hinweis: Das Logo des IGPP ist ein Kippbild, eine optische Täuschung.

Fundgrube ist außerdem die öffentlich zugängliche Institutsbibliothek, es ist die größte zu Themen der Parapsychologie in ganz Europa.

Das besondere Erlebnis

Aufklärung und Unterstützung, aber vor allem Hilfe, bietet neben dem IGPP auch die Parapsychologische Beratungsstelle in der Hildastraße 64 (nahe beim alten Wiehre-Bahnhof, siehe Kapitel 26). Das Team unter der Leitung von Walter von Lucadou ist Ansprechpartner für Menschen, die sich mit außergewöhnlichen, ihnen unerklärbaren Phänomenen und Vorgängen konfrontiert sehen oder nähere Informationen suchen über mögliche Gefahren, die von bestimmten esoterischen Praktiken und Gruppen ausgehen können. Gut 3000 Personen suchen jährlich den Rat der Expertinnen und Experten, die selbst wiederum aktiv Vorträge und Informationsveranstaltungen anbieten (Mehr unter: www.parapsychologische-beratungsstelle.de).

7

GESCHICHTEN AUS DER GRUFT

Das Schwarze Kloster

Der Name klingt schon reichlich geheimnisvoll, ist aber genau genommen eher harmloser Natur. Die eigentlichen Überraschungen verbirgt das Schwarze Kloster gewissermaßen im Untergrund.

Altstadt **Ort** Rathausgasse 50, 79098 Freiburg im Breisgau
GPS 47.996253, 7.847002 **Anfahrt** Busse ZOB am Hauptbahnhof; Straßenbahn 1, 2, 3, 4, 5, Haltestelle Stadttheater

Das Schwarze Kloster ist eindeutig gelb.

So manches spielt sich im Untergrund des Klosters ab.

SCHWARZ ODER WEISS? »Das Schwarze Kloster« hört sich nach einer Erzählung von E. T. A. Hoffmann an oder doch wenigstens nach einer Edgar-Wallace-Verfilmung der 1960er-Jahre. Doch wer aufgrund des klangvollen Namens nach Freiburg reist, der wird enttäuscht sein: Das schwarze Kloster ist nicht schwarz, sondern erstrahlt in einem dunklen Gelb. Und ein Kloster ist es auch nicht mehr. Auch, wie mancher vermuten könnte, mit dem legendären Mönch Berthold Schwarz (siehe Kapitel 5) hat der Name nichts zu tun. Stattdessen beherbergt der ansehnliche Bau am Rand der Altstadt ganz nüchtern die Volkshochschule und die kleine alt-katholische Gemeinde. Mit beidem wird immerhin an die Tradition angeschlossen. Der Frauenorden der Gesellschaft der heiligen Ursula von Anne de Xainctonge fand hier nach längerem vergeblichen Bemühen 1696 unter der französischen Herrschaft endlich Aufnahme in der Stadt. Den komplizierten Namen merkte sich natürlich niemand, volkstümlich waren die Nonnen als Ursulinen bekannt, wodurch allerdings Verwechslungsgefahr mit einer bereits bestehenden italienischen Gemeinschaft bestand, die sich ebenfalls auf die heilige Ursula berief und ähnliche Ziele verfolgte, nämlich die Erziehung von Mädchen im Sinne des jesuitischen Ideals. Diese klerikalen Interna sind allerdings weniger relevant für Freiburg als vielmehr die Tatsache, dass die Dominikanerinnen des Klosters Adelhausen ebenfalls ins weibliche Bildungswesen eingestiegen waren. Für Freiburger Familien, die für ihre Töchter eine gehobenere Ausbildung wünschten, bestand nun also die Wahl zwischen den Dominikanerinnen mit ihrem weißen oder den Ursulinen mit ihrem schwarzen Gewand, anders ausgedrückt: zwischen dem Weißen oder dem Schwarzen Kloster. Die Gründerin Anne de Xainctonge hatte für sich und ihre Mitschwestern kurzerhand die Witwentracht ihrer burgundischen Heimat zum Ordenskleid ausgesucht.

EUPHEMIA DORER So weit, so vergleichsweise unspektakulär. Anders ging es dann mit dem Bau des Klosters. Die Franzosen mussten Freiburg schon im folgenden Jahr 1697 räumen. Obwohl die Ursulinen auch mit ihren guten Französischkenntnissen geworben hatten, tat dies ihrer Beliebtheit keinerlei Abbruch, sodass es ihnen gelang, in der durch die neuen Festungswerke extrem beengten Altstadt trotz allem ein gutes Grundstück am Westrand zu erwerben. Die Lage sollte sich noch als extrem problematisch erweisen. Sowohl 1713 als auch 1744 geriet das Kloster direkt hinter den Bollwerken zweifach buchstäblich in die Schusslinie wiederum ausgerechnet der Franzosen. Noch schlimmer kam es, als im Jahr darauf die Vaubanschen Bauten geschleift wurden, die Explosionen beschädigten das Kloster schwer: »Die Gewalt des Pulvers hat unseren wieder zusammengeflickten Dachstuhl niedergerissen wie ein Kartenhaus«, letzte Schäden jener Tage, da die Nonnen in ihrem Keller hausten, wurden erst, kaum zu glauben, in den 1980er-Jahren behoben. Die klagenden Worte stammen aus der Feder der bedeutendsten Persönlichkeit, die das Freiburger Kloster hervorgebracht hat: Euphemia Dorer (1667–1752), eine Schweizerin, die zweimal die Leitung des Konvents innehatte und eine typische Figur des Barockzeitalters ist, auf der einen Seite fast schon befremdlich tiefgläubig, auf der anderen tatkräftig und von nüchternem Pragmatismus, der es ihr ermöglichte, das mehrfach bedrohte Kloster erst aufzubauen, dann wiederherzustellen und ihm schließlich eine Zukunft zu verschaffen, die mit viel Auf und Ab, Schließungen, heimlichem Weiterbestehen, Umzügen, Neugründungen und Erweiterungen bis in die Gegenwart besteht: in Form der verschiedenen St.-Ursula-Schulen und eines sehr kleinen Konvents. Eher vergessen ist heute, dass Euphemia Dorer zugleich mystische Visionen hatte und eine Zeitlang die fünf Wundmale Christi trug; sie war folglich eine Stigmatisierte, doch wünschte sie hiervon kein großes Aufheben zu machen.

Die Lage der Gebäude war lange Zeit ziemlich risikoreich.

Fast unsichtbar ist die Kirche integriert.

AB IN DIE GRUFT Euphemia Dorer wurde in der 1720 fertiggestellten Gruft unter dem Chor der Klosterkirche begraben. Später, nach den Aufhebungen, wanderten ihre Gebeine an einige andere Orte, kamen aber letztlich in die schlichte Grabstätte im Schwarzen Kloster zurück. Laut einem Bericht über die Umbettung war der Leichnam damals unverwest. Damit befand sich Euphemia wieder im Kreise ihrer Mitschwestern, aber bald kam unerwarteter Zuwachs. Ab 1989 kamen knapp drei Dutzend Grabmale hinzu, die wenig mit den einfachen Kammern der Nonnen gemein hatten: Es waren Originale vom Alten Friedhof (siehe Kapitel 1), die dort arg unter den Witterungsverhältnissen gelitten hatten und zu zerfallen drohten – auf dem Friedhof wurden sie durch Nachbildungen ersetzt. Hinzu kam ein barockes Kreuz vom Annaplatz, sodass sich ein stimmiges und würdiges Ensemble an passendem Platz ergab, allerdings buchstäblich etwas unter der Aufmerksamkeitsschwelle. Dabei ist die Nonnengruft durchaus nach Absprache und bei Sonderveranstaltungen zugänglich. Und eine weitere Kuriosität bietet das unterirdische Gewölbe, das wiederum – natürlich – mit Euphemia Dorer zu tun hat. Ein Weinstock, der zu ihren Klostertagen im Innenhof gepflanzt worden sein soll, hat inzwischen so tiefe Wurzeln gebildet, dass diese bis in die Nonnengruft hinunterreichen – sie strecken sich in Richtung des Grabes der einstigen Mutter Oberin.

Das besondere Erlebnis

Schon im Spätmittelalter sorgte eine Freiburger Nonne für großen Aufruhr. Magdalena Beutler, wohnhaft im Klarissenkloster, das damals nicht weit entfernt vom späteren Ursulinenkonvent im Westen lag, hatte in einer Vision erfahren, dass sie am Dreikönigstag 1431 sterben werde. Ein Auflauf an Menschen bildete sich daraufhin an jenem 6. Januar, darunter hohe Geistliche aus Freiburg und der Region, viele Adelige und die Oberhäupter der Stadt. Von ihren strengen Bußübungen zur Vorbereitung bereits arg geschwächt, verlor Magdalena Beutler in dem für sie bereitgestellten Sarg liegend tatsächlich das Bewusstsein. Aber tot war sie nicht, wie ein anwesender Arzt feststellte. Die Menge zerstreute sich, enttäuscht bis verärgert, ihr galt die Nonne fortan als Betrügerin oder gar Besessene, ihre Mitschwestern aber verehrten sie weiterhin als von Gott begnadet. Sie überlebte ihren eigenen Tod um ganze 30 Jahre.

Schöner wohnen in einem parkähnlichen Grundstück war das Motto der Colombi-Frauen.

8

DIE VERGIFTETE GRÄFIN

Das Colombi-Schlössle

Einen hübschen Park, ein stilvolles Gebäude, ein interessantes Museum: All das bietet in markanter Lage das Colombi-Schlössle. Doch die tragische Familiengeschichte der Erbauerin macht den Ort nicht geheuer.

Altstadt **Ort** Rotteckring 5, 79098 Freiburg im Breisgau
GPS 47.997623, 7.846337 **Anfahrt** Bus 27, Haltestelle Fahnenbergplatz; Straßenbahn 1, 2, 3, 4, 5, Haltestelle Stadttheater

MARIA 1, 2, 3 Das richtige Gespenst zu finden, ist gar nicht so einfach. Denn die Namen der drei maßgeblichen Frauen aus dem Hause Colombi haben alle etwas gemeinsam, sie sind sehr lang und beginnen stets mit einem Maria oder Marie. Begonnen hat alles mit Marie von Colombi, geboren 1782 als eine von Bode im Elsass, deren Eltern von dort während der Französischen Revolution fliehen mussten, woraufhin sie sich in St. Petersburg im Umfeld des Zarenhofes niederließen. Dort lernte Marie den spanischen Adligen und Diplomaten Antonio de Colombi kennen, den sie 1808 in Russland heiratete. Er starb bereits kurz darauf – war er doch ganze 33 Jahre älter gewesen als seine Gattin. Aus der kurzen Ehe war eine Tochter hervorgegangen, Maria Antonia Gertrudis, geboren 1809. Die Spur von Mutter und Tochter verliert sich etwas, bis die ältere Colombi 1828 in Freiburg auftaucht, die Gründe sind nicht genau bekannt, womöglich suchte sie die Nähe ihrer früheren Heimat, 1830 erhielt sie jedenfalls das Bürgerrecht der Stadt. Der Tochter war von ihrem Vater im Testament vorgeschrieben worden, dass sie nur einen echten spanischen Adligen heiraten dürfe, »auf keinen Fall einen Franzosen« – nun, sie hielt sich daran, 1832 ehelichte sie den jüngsten Bruder ihres Vormunds, fortan trug sie den klangvollen Namen Maria Antonia Gertrudis de Zea Bermudez y Colombi. Ihr Mann diente als Diplomat und Minister für die spanische Regierung, die Ehe hielt etwas länger als die ihrer Mutter, doch starb ihr Gatte trotzdem vergleichsweise jung, 1852, mit 49 Jahren. Fünf Kinder hatte die Familie, drei Söhne und zwei Töchter, die – natürlich – Maria hießen.

EIN SCHLÖSSLE FÜR DIE DAMEN Ein Sohn starb bereits mit 17 Jahren, die anderen traten in die Fußstapfen ihres Vaters, die beiden Töchter reisten erst einmal mit der Mutter durch Europa, bevor diese sich entschloss, nach Freiburg zu ziehen, wo ja auch ihre Mutter wohnte, auch wenn umstritten ist, ob diese in jenen Jahren vor Ort lebte. Sie residierte jedenfalls mit ihrer Tochter und ihren beiden Enkelinnen in dem Haus, das Maria de Zea Bermudez y Colombi 1859 bis 1861 auf dem Hügel der ehemaligen Bastei Saint Louis im Westen vor der Altstadt errichten ließ. Dort lag vorher ein Barockgarten, den

Nur hereinspaziert ins Colombi-Schlössle.

Das Dach ist groß genug
für die nächtlichen Umgänge der Gräfin.

die Gräfin ebenso erwarb wie weitere zwanzig Grundstücke bis hin zur Bahnlinie. Der Freiburger Architekt Georg Jakob Schneider wurde beauftragt, ein stattliches Wohnhaus für die Frauen zu bauen, woraufhin er eine Mischung aus Villa und kleinem Schlösschen in neugotischem Stil schuf, der sich an der englischen Spätgotik orientierte. Umgeben war das Haus von dem umfangreichen Parkgelände, das einerseits im englischen Stil – also kunstvoll verwildert – und andererseits nach französischer Art – streng symmetrisch – gestaltet war. Nach außen hin war das Grundstück durch einen hohen Zaun und Pförtnerhäuschen am Eingang abgeschlossen. Allzu sehr genießen konnte die Gräfin Colombi ihren Neubau nicht, sie starb bereits 1863 mit 54 Jahren. Kurz darauf, 1866, folgte das nächste Drama mit dem Tod der Tochter Maria Cristina – wir kommen gleich darauf zurück. Die verbliebenen Geschwister – und die Großmutter – verkauften das Anwesen noch im gleichen Jahr, es ging für längere Zeit in Privatbesitz über, 1899 kaufte es die Stadt. Eine wichtige Funktion hatte das Colombi-Schlössle noch einmal von 1947 bis 1952 als Sitz der badischen Staatskanzlei unter Ministerpräsident Leo Wohleb. 1983 erfolgte dann der Einzug des noch heute bestehenden Museums. Die Colombi-Frauen der verschiedenen Generationen – die älteste der Marias, die Großmutter, starb 1872 – sind auf dem Alten Friedhof (siehe Kapitel 1) beigesetzt, ihre Grabstätten erhalten.

Nein, das ist sie nicht, die Gräfin.

UM MITTERNACHT Maria Josefina Cristina de Zea Bermudez y Colombi, geboren 1841, war in den Vorbereitungen zu ihrer bevorstehenden Hochzeit mit dem Grafen Richard von Kageneck im nahegelegenen Schloss Munzingen, am Abend des 4. September 1866 fühlte sie sich bereits unwohl, zudem war ihr Bräutigam aufgrund dringender Amtsgeschäfte kurzfristig nicht anwesend. Ein Arzt kam vorbei, riet zur Schonung, sah die Gräfin aber ansonsten auf dem Weg der Besserung. Am nächsten Morgen war sie tot. Naturgemäß schossen allerlei Gerüchte ins Kraut: Sie sei von einer eifersüchtigen Nebenbuhlerin umgebracht worden, sie habe sich selbst vergiftet, um die Hochzeit zu verhindern und anderes mehr. Die wirkliche Todesursache blieb ungeklärt, vermutet wurde eine Lebensmittelvergiftung. Die so jung und unter tragischen Umständen Verstorbene fand jedenfalls keine Ruhe. Offenkundig wieder in den Schoß der Familie nach Freiburg zurückkehrend, sucht sie nun

Das Schlössle steht auf dem Hügel einer ehemaligen Bastion.

als »das weiße Fräulein« auf dem Dach des heimischen Colombi-Schlössles nach Erlösung, dort in manchen Nächten herumstreifend. Worin ihre Sehnsucht genau bestehen soll, ist nicht ganz klar, offenbar traute sich bislang niemand näher heran, um zu fragen. Dass das Schlössle seit ihrem Tod nicht mehr im Besitz der Familie ist, scheint das Gespenst ebenfalls nicht zu stören. Auch nachdem der inzwischen verkleinerte Park 1906 der Öffentlichkeit zugänglich gemacht wurde, ließ sich dies nicht genauer klären, denn das Betreten ist zwar erlaubt, aber nicht unbedingt ratsam, zumindest nicht während der mitternächtlichen Stunden, in denen sich die Gräfin auf dem Dach zeigt. Im Garten selbst treibt sich nämlich zudem ein schwarzer Pudel herum, dessen feurige Augen darauf verweisen, dass er nicht natürlichen Ursprunges ist. Kenner wissen, es handelt sich um den alten Grafen Colombi, den Großvater des Fräuleins, der einst in St. Petersburg unlautere Geschäfte getätigt haben soll – im Sklavenhandel. Zur Strafe geht er nun im Garten um, obwohl er diesen ja selbst nie gekannt hatte.

Das besondere Erlebnis

Da sich der schwarze Pudel nur nachts im Park herumtreibt und die weiße Gräfin ihre Aktivitäten ohnehin auf das Dach beschränkt, kann das Colombi-Schlössle tagsüber gefahrlos betreten werden, um das dort inzwischen beheimatete archäologische Museum zu besuchen – wobei man so ganz nebenbei die einstigen Wohnräume der Colombi-Gräfinnen kennenlernt. Von der Steinzeit bis ins Mittelalter werden Fundstücke aus Südbaden mit Schwerpunkt Freiburg und nähere Umgebung geboten, dazu kommen regelmäßig Sonderausstellungen. Für Kinder gibt es zahlreiche Mitmachaktionen (mehr Infos unter: www.freiburg.de/pb/237910.html).

9

DIE DUNKLEN GEHEIMNISSE DES OBERSTEN

Das Greiffenegg-Schlössle

Bonvivant, Spion, Kriegsheld, all das war Hermann Gottlob von Greiffenegg. Seine Idee, die Tochter eines getöteten Freundes aufzunehmen, war edel. Allerdings war er der Mörder.

Stadtteil Oberau **Ort** Schlossbergring 3, 79098 Freiburg im Breisgau **GPS** 47.992822, 7.855381 **Anfahrt** Bus 27, Haltestelle Stadtgarten; Straßenbahn 1, Haltestelle Schwabentorplatz

Ein Ruhesitz, auf dem es nicht immer ruhig zuging.

DER VATER Wie im Fall Colombi, so täuscht die sanfte badische Endung auch beim Greiffenegg-Schlössle über die teils düstere Geschichte der einstigen Bewohner hinweg, eines Gebäudes, das in ähnlich exponierter Lage wichtiger Bestandteil des Freiburger Stadtbilds ist. »Wo einst zum Schutz der festen Stadt / ein Schloß dem Feind getrotzet hat«, heißt es in einem Gedicht zur Erbauung 1805, auf die Reste der Festung anspielend, »hier will Er ruhn von seinen zwey und vierzig Jahren, / die ihm in treuem Dienst verflossen waren«. Gemeint war Hermann Joseph von Greiffenegg, der tatsächlich 42 Jahre in Dienst gestanden hatte für seine Herren, das Haus Habsburg. Es war die Zeit der theresianischen und josephinischen Reformen, die er als Freiburger Regierungsrat mittrug und auch gegen Widerstände konsequent durchsetzte. Mit Beginn der Revolutionskriege und der napoleonischen Eroberungen wurde er zu einer Gestalt der Kontinuität während einer Zeit der unsicheren Verhältnisse. Stets streng loyal gegenüber Habsburg und nie sonderlich geschätzt von der Bevölkerung, wurde er gleichwohl respektiert, als er die Stadt und den Breisgau als geschäftsführender Regierungspräsident verwaltete, in dem es nach den Niederlagen Österreichs 1797 bis 1802 genau genommen überhaupt keinen Landesherrn mehr gab, und auch danach, als der Herzog von Modena, der die vorderösterreichischen Gebiete an sich zugesprochen bekommen hatte, diese tatsächlich beanspruchte. Der ältere Greiffenegg war immer da und regelte die Amtsgeschäfte. Bis Freiburg schließlich dem Großherzogtum Baden zugesprochen wurde – für das er partout nicht arbeiten wollte. Schließlich hatte er für diesen Fall ja vorgesorgt: Mit der Errichtung des Greiffenegg-Schlössles. Die dort angebrachte Inschrift »Quieti sacrum« machte dies nur allzu deutlich: Eine Art stilles Heiligtum

Tiefer Fall: Wie kam es zu dem Sturz?

sollte dieses Haus für ihn werden, oder wie der Titel des zitierten Gedichtes es nennt: Hermanns-Ruhe. Kaum zwei Jahre konnte Greiffenegg seine Pension genießen, er starb bereits 1807.

DER SOHN Ein eingefleischter Anhänger Habsburgs sollte zeitlebens auch dessen einziger Nachkomme, der 1773 geborene Hermann Gottlob von Greiffenegg, sein, was in diesen wechselhaften Zeiten für einige Komplikationen sorgen würde. Naturgemäß bestens erzogen und ausgebildet, trat der Sohn schon in sehr jungen Jahren in diplomatische Dienste ein, 1794, mit der beginnenden Bedrohung des Breisgaus, begann auch das zweite, militärische Standbein seiner Karriere. Greiffenegg junior diente in Basel an der österreichischen Gesandtschaft, war dann Offizier in der Breisgauer Landwehr, heiratete eine bürgerliche Freiburgerin und weigerte sich schließlich, ganz der Vater, in badische Dienste überzutreten; noch mehr,

Der Weg zum unteren Eingang des Greiffenegg-Schlössles

er unterlief das Verbot, jegliche Verbindung mit Österreich aufzugeben – hatte sich Baden doch inzwischen auf die Seite Napoleons geschlagen. Greiffenegg verließ Freiburg, wo er sich nach dem Tod seines Vaters aufgehalten hatte, und ging zurück nach Basel. Seine Treue zu Habsburg war unverbrüchlich. Er sammelte schließlich sogar versprengte österreichische Soldaten auf und bildete mit ihnen ein »Streif-Commando«, ein Vorhaben, das böse endete. Badische Soldaten verwickelten Greiffeneggs kleine und schlecht bewaffnete Truppe bei Stockach in ein Gefecht, er entkam schwer verletzt und entstellt, musste sich einige Zeit verstecken. Doch in Wien hatte man ihn und seine Anhänglichkeit nicht vergessen: Greiffenegg wurde 1810 wieder in diplomatische Dienste übernommen – ausgerechnet in Karlsruhe, am Hof des ihm verhassten napoleonhörigen Großherzogs. Vordergründig geschäftsführender Botschafter, sandte er ständig allerlei geheime Berichte über die Vorgänge am Hof und über dessen französischen Verbündeten nach Wien, mit anderen Worten: Er spionierte. Dabei schreckte er auch vor waghalsigen Aktionen nicht zurück, die bedeutende Festung Kehl etwa kundschaftete er persönlich aus, zeichnete einen Plan, ein hochverräterischer Akt. Seine kaum verhehlte Verachtung für Frankreich und den badischen Hof, dazu nicht wenige Eigenmächtigkeiten führten dazu, dass Greiffeneggs Stern sank. Er wurde noch auf einige andere Botschaften beordert, später Festungskommandeur habsburgischer Garnisonen im Süden, 1831 schließlich in den Ruhestand versetzt. Er zog ins Greiffenegg-Schlössle ein.

DIE TRAGÖDIE »Ein origineller Haudegen, dessen eigenartiges Wesen, Humor und Mutterwitz ihn zum Liebling der Gesellschaft, zum Liebling von alt und jung, von jedermann machten. Er war Diplomat, Schöngeist und Dichter, ein Freund und Kenner der Musik, der Malerei und der Schönen Literatur und hatte auf all diesen Gebieten hervorragende Freunde«, so beschreibt ihn, fast enthusiastisch, der frühere Freiburger Stadtarchivar Peter Paul Albert. Verkehrt ist das nicht, nur endete Hermann Gottlob von Greiffenegg gleichwohl in einer kleinen Mietwohnung in der Stadt, verbittert, verschuldet und als enttäuschter Kauz. Der Freigeist hatte schon lange mit einer 20 Jahre jüngeren Frau zusammengelebt, getrennt von seiner Frau, was sicherlich manchem übel aufgestoßen ist, doch war noch dazu die Stiefschwester seiner Geliebten unvermeidlicher Bestandteil dieser Dreiecksbeziehung. Diese Verhältnisse waren wohl der Anlass für eine bissige Bemerkung eines Arztes während eines gemeinsamen Aufenthaltes 1825 in Venedig. Greiffenegg forderte ihn zum Duell mit Stichwaffen und verletzte seinen Kontrahenten tödlich. Aus Reue oder Mitgefühl nahm er dessen Tochter, nun offensichtlich Waise, unter seine Obhut und ließ sie wie sein eigenes Kind aufziehen. Bei einem Besuch bei Greiffeneggs, er hatte 1833 erneut geheiratet, stürzte das Mädchen vom Balkon des Schlössles den Berg hinunter und starb. Was genau geschehen war, blieb Spekulation. Ob sie womöglich von den genauen Umständen des Todes ihres Vaters erfahren hatte? Greiffeneggs Tagebücher, die darüber Auskunft geben könnten, sind verschollen. Er selbst musste das Schlössle 1840 aus finanziellen Gründen endgültig aufgeben, 1847 verstarb er, sein Grab befindet sich auf dem Alten Friedhof (siehe Kapitel 1).

Das besondere Erlebnis

Unterhalb des Schlössles steht das Schwabentor, nicht nur eines der bekanntesten, sondern auch der ältesten erhaltenen Bauwerke Freiburgs. Errichtet in der ersten Hälfte des 13. Jahrhunderts, sollte es um die Jahrhundertwende erst abgerissen werden. Stattdessen wurde es dann aber im Stile des Historismus, der sich mittelalterlicher als das Mittelalter gab, in den Jahren 1901–1903 sogar noch deutlich erhöht. Der reichlich überzogene Aufbau musste jedoch nach gut fünfzig Jahren wieder deutlich reduziert werden, da er die Statik des Turmes gefährdete. Heute beherbergt das Schwabentor ein kleines Zinnfigurenmuseum mit sehenswerten Dioramen.

Düstere Wolken liegen über der Vergangenheit des Schlössles.

Spärlich sind die Ruinen des Burghaldenschlosses.

10

ADIEU, DONJON!

Die Schlossbergruine

Das Burghaldenschloss ist für die Historie Freiburgs von großer Bedeutung, aufgrund seiner späteren Integrierung in die Festungswerke auf dem Schlossberg teilte es deren Schicksal, anders gesagt: Es ist kaum etwas übrig.

Altstadt **Ort** Schlossberg, 79104 Freiburg im Breisgau **GPS** 47.993726, 7.858187 **Anfahrt** Bus 27, Haltestelle Stadtgarten; Straßenbahn 1, Haltestelle Schwabentorplatz

EINE BURG FÜR FREIBURG Berthold V. von Zähringen hatte einen Gast auf seiner Burg, der das dortige Treiben wenig erbaulich fand. Der Abt von Tennenbach (siehe Kapitel 3), Berthold von Urach, nicht nur ein Namensvetter, sondern auch der Neffe des Herzogs, konnte der fröhlichen Geselligkeit mit Tanz, Würfelspiel, Gesang und vermutlich nicht wenig Getränk jedoch nichts abgewinnen, solch ein Zuviel an irdischen Freuden schien ihm geradezu eine Provokation. Vielleicht hatte er recht: Mit Berthold V. starben die Zähringer aus. Die Uracher erbten den Besitz im Breisgau mitsamt der Stadt Freiburg und der darüberliegenden Burg. Diese existierte wohl seit ungefähr 1090. Man geht davon aus, dass sie mit der Gründung des Ortes durch Berthold II. von Zähringen bereits angelegt wurde, um diesen zu schützen. Vergleichsweise schnell, einhergehend mit der Aufwertung Freiburgs bereits 1120 zum Marktort, lief sie der benachbarten Burg Zähringen den Rang ab und übernahm immer mehr die Funktion eines Herrschaftssitzes. Hoher Besuch führte 1146 zur vergleichsweise späten Erstnennung, niemand Geringeres als der heilige Bernhard von Clairvaux war zu Gast und tat sogleich, was Heilige eben tun: Er heilte »bei der Burg Freiburg« einen blinden Jungen. Kern der hochmittelalterlichen Burg war unter den Zähringern wohl ein sogenannter Donjon, ein Burgenmodell, das im benachbarten Frankreich weit verbreitet war: Ein massiver, mehrstöckiger Wohnturm, der zugleich Wehrhaftigkeit ausstrahlte, im Inneren aber auch die repräsentativen Aufgaben einer Residenz erfüllte – man denke an die vom Tennenbacher Abt gerügten Festlichkeiten. Dieser Mittelpunkt der Burg erwies sich als erstaunlich langlebig, er sollte die zahlreichen wechselnden Burgbesitzer, Kriege und Zerstörungen der folgenden Jahrhunderte überleben.

DIE BURG MUSS WEG Schon die nächsten Herren auf dem Schlossberg, die erwähnten Uracher, die sich fortan Grafen von Freiburg nannten, sorgten für Ärger. Spätestens als ihr Besitz immer mehr zusammenschrumpfte, wurde Freiburg und mit ihm die Burg für sie zum wichtigsten Ort, zu ihrer Residenz, die sie stärker ausbauten, unter anderem durch

Schutz vor Bodenlöchern und bröckeligen Mauerresten

Gut verborgen sind manche Überbleibsel.

eine Erweiterung nach Westen, der Unteren Burg. Den Freiburger Bürgern gefiel dies nicht, Konflikte zwischen der Stadt und den Grafen waren an der Tagesordnung (siehe Kapitel 19), die Burg, die die Stadt buchstäblich beherrschte, wurde mehrfach Ziel von Aufständen. Letztlich mit Erfolg, 1366 zerstörten die Bürger den Adelssitz und die Grafen gaben auf. Der Kauf von Stadt und Burg war allerdings so teuer, dass Freiburg nur zwei Jahre später überschuldet unter den Schutz Habsburgs floh. Immerhin setzte man in einem ausführlichen Vertrag zahlreiche Sonderrechte durch, auch die Burg betreffend, die in den Besitz der Bürger überging, gleichzeitig wurden den Habsburgern Neubauten auf dem Schlossberg untersagt. Ganz verschwunden konnte die Burg aber ohnehin nicht sein, Teile hatten der Erstürmung standgehalten: darunter der Donjon.

Irgendwann kam es dann doch zu einem Wiederaufbau, Mitte des 15. Jahrhunderts wird die Burg wieder erwähnt. Im Bauernkrieg 1525 erfüllte die Burg keineswegs ihre Aufgabe, sie schützte die Stadt nicht vor den Haufen der heranrückenden Aufständischen, im Gegenteil. Diese brachten ein sogenanntes Blockhaus am Schlossberg, eine Erdwallanlage, in ihren Besitz und feuerten von dort ihre Kanonen auf die Stadt, die schließlich nachgab und kapitulierte. In der Folgezeit wurde die Burg offensichtlich eher vernachlässigt, ein Ausbau, um den veränderten militärischen Bedürfnissen gewachsen zu sein, wurde zwar öfters angemahnt, aber schien kaum ernsthaft in Angriff genommen worden zu sein. Deshalb spielte die Feste über der Stadt während der diversen Belagerungen während des Dreißigjährigen Krieges auch keine Rolle, jedenfalls keine rühmliche.

ALLMÄHLICHES VERSCHWINDEN Dies führte nach der Rückeroberung durch bayerische Truppen (siehe Kapitel 24) und der Rückgabe an die Habsburger schließlich dazu, dass aus dem Burghaldenschloss die Leopoldsburg wurde, denn nun erfolgte doch noch der Ausbau zur Festung mit moderner Militärarchitektur, geleitet durch den Baumeister Elias Gumpp. Oberhalb der Burg, auf dem Salzbüchsle (siehe Kapitel 12), wurde ein Vorwerk errichtet, das alte Schloss, Obere und Untere Burg, mit Bastionen umgeben. Die französische Besatzung ab 1677 erweiterte diese Pläne noch einmal deutlich, und die einstige Burg wurde zum starken Bollwerk ausgebaut. Von den mittelalterlichen Gebäuden dürften diese Umbauten nur wenige überstanden haben, mit Ausnahme – natürlich – des Donjons. Doch auch dessen letztes Stündlein hatte geschlagen, als eben jene Franzosen die gesamten Festungsbauten 1745 komplett sprengten. Damit waren sämtliche Reste der Burg Frei-

Friedlichen Zwecken dient heute der Ausblick auf die Stadt.

burg beseitigt. Geblieben sind auf dem vorderen Schlossberg neben sehr wenigen eher unscheinbaren überwachsenen Mäuerchen gleichwohl ein paar markante Überreste. Das sichtbarste Überbleibsel ist der tief eingeschnittene Halsgraben der Burg, der die Anlage nach Osten, der schwächsten Stelle, hin schützte. Über ihm liegt die Ludwigshöhe, seit dem 19. Jahrhundert ein Aussichtspunkt, benannt nach einem der Großherzöge von Baden, und einst gekrönt von Pavillons, die heute jedoch ebenfalls verschwunden sind. Während des Ersten Weltkriegs hatte das ehemalige Gelände der Burg noch einmal eine militärische Funktion, auf der Ludwigshöhe wurde eine Flugabwehreinheit postiert. Noch einmal sollte also das untergegangene Burghaldenschloss dem Schutz der Stadt dienen – und wieder hat es diese Aufgabe nur unzureichend erfüllt (siehe Kapitel 30).

Das besondere Erlebnis

Obwohl die Zähringer ihren Herrschaftssitz bald auf den Schlossberg verlegten, blieb die Stammburg Zähringen weiterhin von vor allem symbolischer Bedeutung. Das Plateau war bereits in steinzeitlichen, keltischen und spätantiken Perioden besiedelt, die Burg der Zähringer wurde schließlich um 1080 errichtet und 1128 erstmals urkundlich erwähnt, ihre endgültige Zerstörung erfolgte im Bauernkrieg 1525. Aufgrund ihrer Rolle für die Traditionsbildung des badischen Herrscherhauses (siehe auch Kapitel 33) wurden die Reste später des Öfteren restauriert, allerdings nicht unbedingt unter denkmalpflegerischen Gesichtspunkten. Das gern aufgesuchte Ausflugsziel liegt zwar auf Gundelfinger Gemeindegebiet, gehört aber der Stadt Freiburg.

11

VERGÄNGLICHER RUHM

Der Bismarckturm

Jede Stadt, die etwas auf sich hielt, errichtete um 1900 einen Bismarckturm. So auch Freiburg. Heute ist das problematische Denkmal auf dem Schlossberg verwahrlost.

Stadtteil Neuburg **Ort** Burghaldenring, 79104 Freiburg im Breisgau
GPS 47.994210, 7.859230 **Anfahrt** Bus 27, Haltestelle Stadtgarten; Straßenbahn 1, Haltestelle Schwabentorplatz

Durfte nicht fehlen: protziger Reichsadler auf der Fassade

Im Inneren wenig ruhmreich:
der Bismarckturm

NACHRUHM Anders als es die bekannte Karikatur vom Lotsen, der von Bord geht, suggeriert, wurde die Entlassung des Reichskanzlers Bismarck 1890 von der Bevölkerung im Allgemeinen weder als große Überraschung noch als besonders einschneidend wahrgenommen. Nach mehr als zwanzig Jahren harter Führung hatte sich das Ansehen des einst gefeierten Reichsgründers und Bündnisschmiedes auch aufgrund innenpolitischer Misserfolge abgenutzt. Die neue Regierung unter Wilhelm II., der für eine jüngere Generation stand, schien für frischen Wind zu sorgen. Doch als schwach angesehene Nachfolger im Kanzleramt, dazu das erratische Verhalten des Kaisers, führten schnell zu einem Meinungsumschwung, den der Ex-Kanzler von seinem Gut Friedrichsruh aus zudem immer wieder zu befeuern wusste: 1892 brachte er seine Memoiren heraus, er empfing oft und viele Gäste, hielt sich auch mit Kommentaren zur Lage nicht zurück. Spätestens 1895, zu seinem 80. Geburtstag, galt Bismarck wieder als »Staatsmann des Jahrhunderts«, zum Ärger der Hohenzollern verblasste nun sogar das Ansehen Wilhelms I. als »Einiger des Reiches«, er galt nur noch als eine der Figuren in Bismarcks genialem Plan zur Errichtung des Kaiserreichs. Vollends sakrosankt wurde der ehemalige Reichskanzler schließlich nach seinem Tod 1898. Wilhelm II. steuerte dagegen, unter anderem mit einer monumentalen Denkmalpolitik für seinen Vater und die Hohenzollern, darunter das Deutsche Eck in Koblenz und das Kyffhäuserdenkmal. Er wusste, was er tat: Denn überall im Land schossen gleichzeitig Bismarckdenkmäler regelrecht aus dem Boden. Ein riesiges Netz an Bismarcksäulen und -türmen überzog das Reich – und sogar die Kolonien.

MOTIVIERTE STUDENTEN Schon zu Lebzeiten des Reichskanzlers hatte es vereinzelte Denkmäler ihm zu Ehren gegeben, der eigentliche Boom begann aber mit seinem

80. Geburtstag und erst recht nach seinem Tod. Die treibende Kraft hinter dem landesweiten Versuch, in der Nähe von Städten auf gut sichtbarem, meist erhöhtem Terrain, Mo-

Der Eingang steht offen, ist aber versperrt.

numente zu Ehren Bismarcks zu schaffen, waren die Studenten, anders als heute eine meist streng konservative, in jedem Fall überwiegend nationalistisch eingestellte Hochschülerschaft, die Bismarck in Friedrichsruh des Öfteren mit Abordnungen aufsuchte und von diesem bereitwillig empfangen wurde. Auf ihre Initiative hin wurde nach dem Tod ihres Idols ein reichsweiter Architekturwettbewerb gestartet, der ein massentaugliches symbolhaltiges Denkmal entwerfen sollte, das zugleich preiswert – es sollte größtenteils durch Spenden finanziert werden – und schnell errichtet werden konnte. Es gewann Wilhelm Kreis mit einem Entwurf, der sich »Götterdämmerung« nannte und vorsah, dass zu bestimmten Bismarck-Gedenktagen (Geburts- und Todestag, Sommersonnenwende) auf einer Plattform jeweils Feuer angezündet werden konnten. Das Monument an sich, ein fester, sich im oberen Bereich verjüngender Klotz mit verstärkten Ecken, hatte genau genommen mit Bismarck nichts zu tun, für einen Außenstehenden wäre ein Bezug zur Person oder zum Wirken des Reichskanzlers wohl kaum auszumachen gewesen – dies musste dann durch die Anbringung von Inschriften oder Bildnissen nachgeholt werden. Das Aussehen und die Idee mit dem Feuer bezogen sich eher auf die verquaste Sicht einer angeblichen germanischen Vergangenheit, entsprach damit aber dem Zeitgeist. Dies beweist auch die Durchschlagskraft des Vorhabens, die Universitätsstädte sowieso, aber auch viele andere Orte erbauten nun auf Hügeln und Bergen ihre Bismarcktürme, orientiert am Vorbild Wilhelm Kreis' oder mit eigenen Entwürfen, nicht weniger als 184 entstanden allein auf dem Gebiet des heutigen Deutschland, insgesamt wohl weltweit an die 240. Mit nur 9 Exemplaren nahm sich der baden-württembergische Beitrag da sogar noch eher bescheiden aus.

FEIER AUF DEM SCHLOSSBERG Als Universitätsstadt war Freiburg natürlich mit dabei. Im Frühsommer 1899 war ein Komitee gegründet worden zur Errichtung eines Bismarckdenkmals, schon im Juli des gleichen Jahres fand die Grundsteinlegung statt,

Von den Schlossbergwanderern wird
das Monument meist links liegengelassen.

Der ursprüngliche Zugang – eine Brücke – ist längst zerfallen.

nachdem man zwischen Ludwigshöhe und (dem späteren) Schlossbergturm auf Festungsresten einen geeigneten Standort ausgemacht hatte – einen Entwurf gab es zu diesem Zeitpunkt allerdings noch nicht. Der Historiker Alfred Dove hielt eine Festrede über »Bismarcks Bedeutung für Alt und Jung« in der Aula für »diese vaterländische Feier von besonderem geistigen Gehalt«, das mit viel nationalistischem Pathos, Bismarckverklärung und anti-französischen Ressentiments aufgeladene Elaborat konnte man anschließend im Druck erstehen. Der örtliche Architekt Oskar Geiges gewann den anschließenden Wettbewerb mit seinem Projekt »Ein Flammenzeichen sei's am Oberrhein«, das sich stark an die Vorgaben Wilhelm Kreis' anlehnte. Der am Boden gut 6 Meter breite und 12,6 Meter hohe Bau wurde in nur wenigen Monaten errichtet und auf der Freifläche mit verschiedenen Feuerkörben versehen, zugänglich war er allerdings nur über eine Leiter im Inneren. Ein großer Reichsadler, Gedenktafeln für die Studenten und den Architekten, verschiedene Wappen, darunter dasjenige Bismarcks, wurden angebracht. Die Einweihung erfolgte am 28. Juli 1900, unter Boykott der katholischen Burschenschaften, die das heidnische Feuerritual nicht guthießen und wohl auch Bismarcks Kulturkampf nicht vergessen hatten. In den Folgejahren fanden immer wieder Feiern und Feuerentzündungen auf der Bismarcksäule statt, doch mit der Zeit geriet das Denkmal zusehends ins Abseits. Zur mangelnden Popularität dürfte beigetragen haben, dass der Turm nicht begehbar war und damit nicht als Aussichtspunkt genutzt werden konnte. Schließlich zerfiel die eigentliche Zugangsbrücke auf der Ostseite, der Bismarckturm wucherte zunehmend ein. Der ohnehin fragwürdige Glanz des Monuments ist ebenso vergangen wie der seines Namensträgers.

Was tun mit dem ungeliebten Denkmal?

Das besondere Erlebnis

Der Universität verdankt die Stadt allerdings nicht nur die zweifelhafte Hinterlassenschaft des Bismarckturmes, sondern auch die wesentlich angenehmere eines eigenen Hochschulweins. Schon seit Gründung hatten Weinberge zur Ausstattung der Universität gehört, die aber 1806 mit dem Übergang an Baden abgegeben wurden. 1984 wurde schließlich, ermöglicht durch eine Stiftung, die Tradition wieder aufgenommen, 1990 trat die Uni sogar der Winzergenossenschaft im benachbarten Ebringen bei. Die Ernten aus den Lagen am Loretto- und Kapellenberg genießen einen sehr guten Ruf und dienen als Geschenk und Getränk bei universitätsinternen Veranstaltungen, können aber auch von Außenstehenden erworben werden. Ein genussvoller Beitrag zur Bildungs- und Forschungsförderung.

Seltener Rest: die »Salpeterhöhle« – eine Kasematte der Festung

12

GEBAUT, GESTÜRMT, GESPRENGT

Die Festung Freiburg

Zwar haben sie die Österreicher zu bauen begonnen, die Franzosen aber perfektioniert, um sie dann selbst mehrfach zu erobern und am Ende zu zerstören. Sie haben in allem gründliche Arbeit geleistet.

Stadtteile Altstadt, Neuburg, Oberau **Ort** Rempartstr. 4 (Breisacher Tor), 79098 Freiburg im Breisgau; Burghaldenring (Schlossberg), 79104 Freiburg im Breisgau **GPS** Breisacher Tor: 47.992507,7.848058; Schlossberg: 47.993685, 7.862147 **Anfahrt** Bus 27, Haltestelle Stadtgarten; Straßenbahn 1, Haltestelle Schwabentorplatz

DIE UNFESTE FESTUNG 1677 wurde Generalwachtmeister Schütz von Pürschütz, Kommandant von Freiburg, in Innsbruck festgenommen und vor ein Kriegsgericht gestellt. Ein Urteil fiel nicht, sei es, weil man Gnade walten ließ, da der Offizier die 71 Jahre schon überschritten hatte, oder weil er seine Oberen davon überzeugen konnte, dass er angesichts der Lage nicht anders handeln konnte. Die Frage, die sich offensichtlich auch die österreichische Führung stellte, bleibt bis heute umstritten: Hatte Schütz nach dem überraschenden Angriff der Franzosen vorzeitig kapituliert, obwohl Entsatz bereits in Reichweite war, oder der Stadt lediglich sinnloses Leid erspart, deren Verteidigung bereits bröckelte? In jedem Fall war die Entscheidung schwerwiegend und folgenreich. Freiburg wurde durch die Räumung besetzt und blieb die nächsten zwanzig Jahre Teil Frankreichs. Ludwig XIV. konnte sich freuen und wusste diesen Erwerb zu nutzen. Schon seine Vorgänger hatten große Teile des Elsass zugesprochen bekommen, weshalb Freiburg neue Hauptstadt der vorderösterreichischen Lande in einem nunmehrigen Grenzgebiet geworden war. Die Wiener Regierung veranlasste aber nur einen zögerlichen Ausbau der noch größtenteils mittelalterlichen Festungswerke. Als die Franzosen 1677 eintrafen, waren nur einige wenige moderne Bastionen errichtet. Ludwig XIV. ordnete den Ausbau zu einer Festung auf der Höhe der Zeit an, eine Aufgabe, die bald sein bester Mann in diesen Dingen, Sébastien le Prestre de Vauban, übernahm. Dieser ordnete dem Ausbau alle natürlichen und vorhandenen Gegebenheiten unter. Um die sternförmige Bewehrung der Stadt mit acht Bastionen zu ermöglichen, wurden nicht nur Teile der vorhandenen Mauern und Türme beseitigt, sondern die Vorstädte im Westen und Norden komplett eingeebnet und im Süden die Dreisam verlegt. Der Schlossberg wurde massiv ausgebaut. In nur acht Jahren war das meiste geschafft, das Stadtbild Freiburgs hatte sich komplett verändert. 1697 mussten die Franzosen die Stadt räumen, doch 1713 standen sie wieder vor den Toren der von ihnen selbst gebauten Festung. Die Belagerung war heftig und verlustreich, für die Angreifer und erst recht die Bevölkerung, endete aber mit der Eroberung. Dies wiederholte sich 1744, doch dieses Mal zogen die Besatzer nicht einfach ab. 1745 sprengten sie die Festung in die Luft, rund um die Stadt und auf dem Schlossberg hinterließen sie nur Trümmer.

IN DER STADT Das Zerstörungswerk war gründlich, die Sprengungen waren so heftig, dass sie nicht wenige der an die Festungsbauten angrenzenden Gebäude meist stark

Einstiger Abstieg vom Kleinen Kanonenplatz

beschädigten. Immerhin lieferten die kaputten Mauern, Bastionen und Kasematten gleich Material zum Wiederaufbau, ein Grund mehr, warum heute von den beeindruckenden Anlagen Vaubans und seiner österreichischen Nachfolger kaum noch etwas zu sehen ist. Nur drei der insgesamt acht Außenforts sind innerhalb der Stadt noch auszumachen, allerdings nur als Hügel: Auf der Bastion St. Louis steht heute das Colombi-Schlössle (siehe Kapitel 8), auf der des Dauphins das Stadttheater und auf derjenigen der Königin der Alleegarten gegenüber den Universitätsgebäuden. Hier erinnern auch die Straßennamen Rempartstraße, Wallstraße und Glacisweg an die militärische Vergangenheit. Bauarbeiten in der Innenstadt bringen hin und wieder Funde aus jenen Tagen ans Licht, so etwa am Fahnenbergplatz – der nach dem Retter der Stadt vor der Zerstörung 1713 benannt ist –, wo vor wenigen Jahren gut 300 grüne Glaskugeln ausgegraben wurden: frühe Exemplare von Handgranaten. Geblieben ist von der Barockfestung auch das südliche, später sogenannte Breisacher Tor, einst Porte Saint-Martin. Allerdings hat es einige Umbauten erfahren, etwa eine Aufstockung plus Giebel, dazu verschwundene Seiten-, dafür aber neue Anbauten, da es unter anderem zur Schule und zum Ämtergebäude umfunktioniert worden war. An die martialische Vergangenheit erinnert nur noch wenig; im Gegenteil, heute kann man dort im Erdgeschoss gemütlich im Restaurant sitzen. Eine maßgebliche Veränderung der Festungszeit blieb ebenfalls erhalten: Die Dreisam kehrte nicht mehr in ihr altes Bett zurück.

Gut versteckt: Mäuerchenreste unter Wurzeln

AUF DEM SCHLOSSBERG Österreich hatte das Burghaldenschloss (siehe Kapitel 10) bereits deutlich umgebaut, doch Vaubans Pläne waren auch hier weit umfassender. Neben dem weiter aufgerüsteten Unteren Schloss zogen sich nun enorme Befestigungen über den gesamten Bergrücken bis hin zum Hirzberg, abgeschlossen durch eine große, mehrteilige Anlage, das Obere Schloss. Jenes bestand aus einem Hornwerk Richtung Nordosten, der Hauptfestung St. Pierre mit Kapelle und Kasernen und dem vorgelagerten Fort Carré, einer vierseitigen Bastion. Zu sehen sind hiervon noch einige Gräben und Schuttberge, der Verlauf der Mauern wurde teils durch Steine und Beton nachgezeichnet. Vom Oberen Schloss zog sich ein geschützter Gang zum Salzbüchsle (Standort des heutigen Schlossbergturms), wo wieder ein größeres Festungswerk stand, das zudem mit einer sogenannten Redoute auf dem heutigen Klei-

Historische Sitzgruppe zwischen Salzbüchsle und Bismarckturm

nen Kanonenplatz verbunden war. Deren Reste sind gut sichtbar als Schutthaufen, in der Gangrinne zum Salzbüchsle liegt nun die neue Treppe zum Schlossbergturm. Auch gegenüber im Norden lag eine Redoute. Auf dem Grat zum Unteren Schloss verlief ein weiterer gedeckter Gang, als Communication bezeichnet. Am Südhang, in leicht südöstlicher Richtung, diente schließlich eine weitere, stark befestigte Redoute der Überwachung des Dreisamtals. Geblieben ist von alledem erstaunlich wenig, obwohl es sich ja um massive Steinwerke handelte. Im gut bewachsenen Gelände des Schlossbergs sind diese nur noch als Hügelchen, Gruben und ganz selten Mäuerchen auszumachen. Selbst die Wege entsprechen oft nicht den historischen Verläufen. Ein größeres Ruinenstück wie etwa die »Salpeterhöhle«, eine frühere Kasematte, unterhalb des Bismarckturmes ist eine absolute Seltenheit. Nun, die Franzosen kannten die Festung eben gut genug, um sie auch gründlich dem Erdboden gleichzumachen.

Das besondere Erlebnis

2006 war die Geschichte der Schlossbergbahn, der einzigen Seilbahn innerhalb einer deutschen Großstadt, zu Ende. Der schnellste und bequemste Weg auf den Schlossberg ist sie jedoch noch immer, denn seit dem Sommer 2008 verkehrt zwischen den früheren Seilbahnstationen ein Schrägaufzug. Der braucht zwar fast doppelt so lang, aber diese drei Minuten Fahrzeit für die Überwindung von über 70 Höhenmetern und gut 260 Metern Strecke sind sicher verschmerzbar und werden sogleich mit der schönen Aussicht bei der Ankunft auf der Bergstation belohnt.

13

SCHUTZ, SCHIMMEL UND PILZE

Die Bunker im Schlossberg

Auch tief im Inneren setzt sich die martialische Vergangenheit des Schlossbergs fort: Die verschiedenen Luftschutzbunker hatten nach dem Zweiten Weltkrieg noch keineswegs ausgedient.

Stadtteile Altstadt und Oberau **Ort** Schlossbergstr., Kartäuserstr. 21 (Spielplatz), Kartäuserstr. 117, 79104 Freiburg im Breisgau **GPS** 47.992238, 7.856823 (Schlossberg Kartäuserstr.); 47.993165, 7.880399 (Hirzbergbunker) **Anfahrt** Bus 17, Haltestellen Fabrikstraße und Sandfangweg; Straßenbahn 1, Haltestellen Schwabentorplatz und Emil-Gött-Straße

Immer noch und wieder schwer zugänglich: der Hirzbergbunker

Verrammelt ist auch der Eingang zum Schlossbergbunker in der Kartäuserstraße.

PLATZÄNGSTE Freiburg würde nichts passieren. In Erinnerung an einen schönen Ferien- oder Studienaufenthalt im Breisgau gab es hohe Staatsmänner unter den Alliierten – war darunter nicht sogar Churchill höchstpersönlich? –, die eine Verschonung der Stadt angeordnet hatten. Außerdem besaß man keine strategische Funktion oder kriegsrelevante Industrie, man war nicht einmal ein bedeutender Militärstandort, stattdessen gab es viele Krankenhäuser und Lazarette, und es hatte wie zum Beweis bislang auch kaum größere Luftangriffe gegeben – und man war schon im November 1944. Auch wenn letztere Argumente im Gegensatz zu den angeblichen sentimentalen Gründen von Mitgliedern der westlichen Führung wenigstens etwas Plausibilität hatten, so waren sie doch reines Wunschdenken. Längst stand Freiburg auf einer Liste von anvisierten Zielen für einen konzentrierten Luftangriff, doch hatten andere Städte noch Priorität. Erst als die Front näher rückte, geriet die Stadt wieder in den Fokus. Die allgemeine Sorglosigkeit charakterisierte jedoch nicht nur die Einwohner selbst, sondern auch die politische und militärische Führung des Reiches, die Freiburg ebenfalls lange als nicht besonders bedroht ansah. Zwar begann man bereits 1938 mit der Errichtung von Luftschutzräumen für öffentliche Gebäude, aber die ging selbst nach Kriegsbeginn ebenso schleppend voran wie der Bau von weiteren Maßnahmen zum Schutz der Bevölkerung, seien es nun zusätzliche Wasserreservate oder großräumige Bunker. Zum Ärger der städtischen Obrigkeit ordnete man in Berlin Freiburg weiterhin nur als zweitrangig ein. Selbst als 1943 die Höherstufung erfolgte, war dies für die Stadt nur bedingt hilfreich, Hochbunker, das vom Reich vorgeschlagene Mittel, waren hier nicht zu verwirklichen. Aber es hakte selbst an »normalen« Bunkern: Das einzige größere Projekt, der Schlossbergbunker, der über drei Zugänge in der Schlossbergstraße

Über den Gewerbekanal führte der Zugang hinter dem Spielplatz.

erreichbar sein sollte, war teilweise noch im Bau, im Sommer 1944 sollte er um weitere Räume entlang des Augustinerwegs erweitert werden und so insgesamt gut 5000 Personen Zuflucht bieten.

LEBEN IM BUNKER Tatsächlich war der weitläufig ausgehöhlte Schlossberg der sicherste Ort bei einem Luftangriff. Doch als dieser tatsächlich am 27. November 1944, unerwartet für viele Freiburger, doch noch kam, fand sich dort kaum jemand ein. Sorglos hatte man die früher so oft falschen Vorwarnungen ignoriert. Als sich zeigte, dass sie dieses Mal keineswegs unbegründet ertönt waren, blieb kaum mehr Zeit, den Bunker zu erreichen. Er füllte sich erst nach den verheerenden 20 Minuten, dafür aber schnell: Ausgebombte und Verletzte suchten hier Hilfe, eine rudimentäre medizinische Versorgung, später auch eine mit Lebensmitteln wurde eingerichtet. Für nicht wenige Freiburger wurde der Schlossbergbunker in den nächsten Wochen oder Monaten sogar zu ihrem unfreiwilligen Zuhause. Die Zustände dort wurden jedoch bald untragbar, die hygienischen Verhältnisse katastrophal – aber die Alternativen waren nicht verlockender: Leben in Ruinen oder Flucht aus der Stadt, hinzu kam die Angst vor weiteren Luftangriffen. Anders als viele andere Bunker ließen die französischen Befreiungstruppen die Bauten innerhalb des Schlossbergs unversehrt, übergaben sie Anfang der 1960er-Jahre der Bundesrepublik. Diese hatte durchaus Nutzen für das Labyrinth – es herrschte Kalter Krieg und die Angst vor der Atombombe. Der Bunker im Schlossberg wurde reaktiviert und als öffentlicher Schutzraum für mehrere Millionen D-Mark ausgebaut. Fünf Zugänge sollten wiederum 5000 Freiburgern für etwa 30 Tage, auf diese Zeit waren die Vorräte ausgelegt, Schutz bieten. Hierfür wurde der Bunker jährlich mit nicht wenig Geld bezuschusst und instandgehalten. Seit der Jahrtausendwende jedoch ließ das Interesse des Bundes nach: Erst wurden die Gelder gekürzt, ab 2007 sollte der Bunker nur noch auf niedrigem Niveau erhalten werden, um die Sicherheit nicht zu gefährden, 2014 wurde er endgültig aus dem Zivilschutzprogramm genommen. Seitdem rätselt die nun für ihn verantwortliche Stadt, wie es weitergehen soll, eine Weiter- oder Neunutzung scheint sinnlos, Schadstoffe und Schimmel müssen beseitigt werden, dann soll das gesamte unterirdische Geflecht an Gängen und Räumen versiegelt werden.

CHAMPIGNONS STATT ATOMPILZE Weiter östlich, im Hirzberg, nahe an der ehemaligen Kartause (siehe Kapitel 27), gab es einen weiteren bedeutenden Bunker, der um 1940 in den Berg getrieben worden war. Er besaß eine Aufnahmekapazität von 450 Personen, nur hatten die Freiburger davon wenig: Er war ausschließlich für Wehrmachtsangehörige vorgesehen. Untergebracht war in den Stollen eine Luftschutzabteilung, bestehend zum Teil aus Funkerinnen, den sogenannten »Blitzmädchen«. Aufgrund dessen herrschte dort auch einiges mehr an Komfort als im Schlossberg, eine Heizungsanlage sorgte für wohlige Wärme, Parkettboden täuschte Wohnlichkeit vor – von beidem sind noch immer Reste vorhanden. Während des Luftangriffs schützte der Bunker zwar seine Insassen, erfüllte jedoch seine weiteren Funktionen nicht: Er war vom Rest der Stadt abgeschnitten, es gab keine Funkverbindung. Die siegreichen Franzosen sprengten auch den Hirzbergbunker nicht, wussten aber jedoch wenig mit ihm anzufangen – ähnlich erging es der Bundesrepublik als Nachfolger. Statt Reaktivierung erfolgte eine gediegene Vernachlässigung. Dadurch blieb zwar das Inventar teilweise erhalten, gammelte aber fröhlich vor sich hin. Anfang der 1990er-Jahre verpachtete der Bund den Stollen schließlich an einen Pilzzüchter, dessen Erzeugnisse das feuchtwarme Mikroklima des Stolleninneren lieben – allerdings nutzt auch er nur zwei Räume der weitläufigen Anlage.

Das besondere Erlebnis

Wie erwähnt ist die heutige Nutzung des Hirzbergbunkers nicht nur äußerst friedlich, sie kann auch kulinarisch genossen werden: Die dort gezüchteten Champignons – und weitere Pilze – werden jeweils auf dem Markt feilgeboten, der an den Werktagen rund um das Münster stattfindet. Auch direkt vor Ort existiert eine kleine Kasse für Selbstabholer, für den Fall, dass die Bunkertore geschlossen sind.

Speise- statt Atompilze: Haupteingang des Hirzbergbunkers

Wohnen wie Gott in Freiburg: das ehemalige Kirchenschiff von St. Elisabeth

14

GOTTVERLASSEN

Die Kirchen St. Elisabeth und St. Barbara

Was tun, wenn eine Kirche nicht mehr gebraucht wird? Sie abzureißen fällt schwer, wobei hier oft weniger religiöse als denkmalerische Bedenken eine Rolle spielen. Zwei Beispiele aus Brühl und Littenweiler.

Stadtteil Brühl **Ort** Offenburger Str. 52, 79108 Freiburg im Breisgau **GPS** 48.017719, 7.854516 **Anfahrt** Bus 15, Haltestelle Tullastraße; Straßenbahn 4, Haltestelle Tullastraße

Stadtteil Littenweiler **Ort** Ebneter Str. 13, 79117 Freiburg **GPS** 47.979556, 7.896355 **Anfahrt** Bus 17, Haltestelle Sudetenstraße; Straßenbahn 1, Haltestelle Laßbergstraße

DER GEPLANTE ABBRUCH Es sollte eine Premiere werden, allerdings eine der traurigen Art. Als erste Kirche des Erzbistums Freiburg war St. Elisabeth dazu ausersehen, abgebrochen zu werden. So der Stand im Jahr 2010. Zu diesem Zeitpunkt war der Bau gerade einmal 45 Jahre alt, aber bereits so marode, dass schon seit 2006 keine Gottesdienste mehr dort stattfinden konnten. Das Gotteshaus war entweiht worden, die Gemeindemitglieder umgegliedert in die benachbarte Pfarrei St. Konrad. Das massive Äußere des Gebäudes im Stil des zu Bauzeiten beliebten Brutalismus – der unglückliche und von vielen Kritikern zugleich wieder als angemessen betrachtete Name kommt vom französischen *brute*, was herb, roh oder auch unverputzt bedeutet – täuschte über dessen Mängel hinweg. Beton war keineswegs, wie man damals glaubte, ein Baustoff von ewiger Bestandsdauer, das Dach von St. Elisabeth war durchlässig geworden, Heizung und Dämmung entsprachen nicht mehr den aktuellen Anforderungen, schon der Unterhalt verursachte enorme Kosten, eine Sanierung war für die Gemeinde nicht stemmbar, der Bedarf war ohnehin aufgrund rückläufiger Zahlen an Gläubigen nicht mehr gegeben. Der Denkmalschutz startete eine letzte Aufmerksamkeitsoffensive zur Rettung des Gebäudes, das Gotteshaus des Architekten Oskar Risse von 1965 wurde als wichtiges Zeugnis des Kirchenbaus jener Jahre betrachtet, aber wie sollte es neu genutzt werden? Alle bisherigen Versuche, etwa als Probenraum für Orchester, waren bereits gescheitert.

DIE RETTUNG Ungewöhnliche Herausforderungen erfordern ungewöhnliche Ideen, und so entstand der Vorschlag eines Bauinvestors, das würfelförmige Kirchengebäude zu einem Wohnhaus umzubauen. Die Erzdiözese machte ein paar kleinere Auflagen, aber insgesamt kam das Vorhaben gut an. Die dicken Betonwände wurden teils etwas geöffnet, eine Zwischendecke eingezogen, dazu zwei Stockwerke auf das Dach aufgesetzt, das angebaute Pfarrhaus dagegen verschwand. Die Einrichtung war natürlich ebenfalls entfernt worden, aber manches, was direkt in den Bau integriert war, erinnert noch immer an die einstige Funktion. So finden sich Reste des Kreuzwegs an den Wänden und das Treppenhaus schmücken nun Glasfenster des berühmten Künstlers Emil Wachter. Eine der Wohnungen erwarb übrigens, so gewissermaßen die Umwidmung gutheißend, der Sohn des einstigen Architekten Oskar Risse. Die Cecilia-Glocke machte eine weite Reise bis nach Tansania und leistet dort weiter

Wohnturm statt Kirchturm, Klingel statt Glocken

ihren Dienst, denn auch der Kirchturm, etwas abseits stehend, wurde zum Wohnbau. Seit 2015 ist St. Elisabeth also »Church-Chill«, ein etwas anderes Wohnhaus, dem seine Vergangenheit gleichwohl noch anzusehen ist. Ob das ein gelungenes Wortspiel ist, darüber lässt sich streiten, dass der jetzige Zustand eine bessere Alternative ist als ein Abbruch, darüber sicher nicht.

ABGEWANDERT Einen Abbruch hat die Kirche St. Barbara in Littenweiler bereits hinter sich. Schon seit der Mitte des 15. Jahrhunderts stand am Eichberg eine Kapelle zu Ehren dieser Heiligen, die besonders von den Bergleuten geschätzt wird, von denen wohl einige hier wohnten und in Kappel in den Stollen arbeiteten. Es entwickelte sich sogar eine kleine Wallfahrt zu dem Kirchlein, sodass 1765 ein Barockbau die teils beschädigte Vorgängerin ersetzte. Das war dann allerdings nur wenige Jahre vor dem offiziellen Ende, die aufgeklärte österreichische Regierung unter Joseph II. war weder Wallfahrten noch kleinen Kapellen wohlgesonnen und so stand das Gotteshaus ab den 1780er-Jahren erst einmal ungenutzt in der Landschaft herum, was ihrem Zustand begreiflicherweise nicht guttat. Und tatsächlich folgte nun der erwähnte Abbruch. Der bedeutete jedoch nicht das Ende von St. Barbara, sondern nur die Wanderschaft hinunter ins Tal beziehungsweise in die Dorfmitte von Littenweiler. Dort erstand die Kapelle 1826/27 wieder,

↓ Seiteneingang von St. Barbara

↘ Eine Tafel erinnert an die sakrale Vergangenheit.

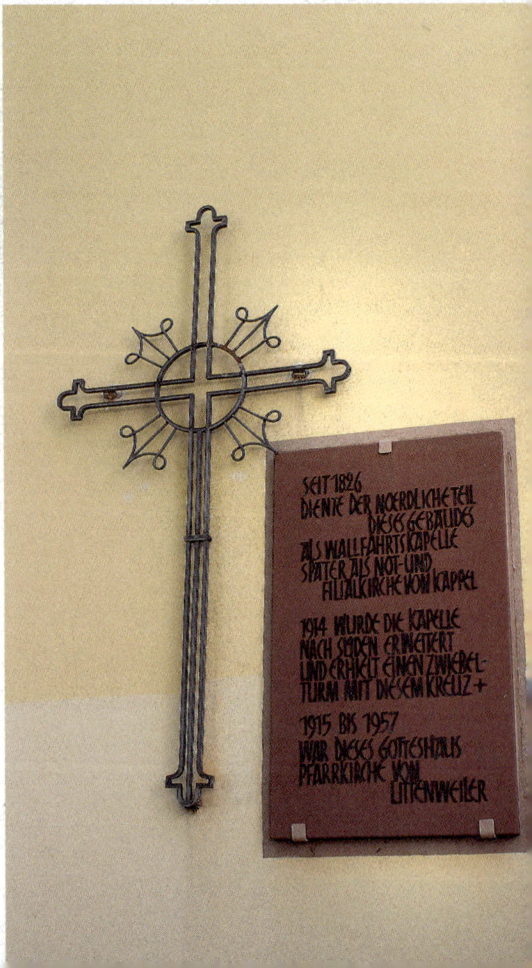

Äußerlich ist die Barbarakirche noch gut als ehemaliges Gotteshaus erkennbar.

nun als Dorfkirchlein und Filiale der Pfarrei Kappel. So hätte es bleiben können, wenn Littenweiler nicht nach dem Zweiten Weltkrieg rapide gewachsen wäre. Aus dem Dorf vor der Stadt wurde ein in die Stadt hineingewachsener Stadtteil mit nun ganz anderen Einwohnerzahlen. Zur selbstständigen Pfarrei hatte man St. Barbara bereits 1944 erhoben, aber längst zeichnete sich ab, dass die kleine Kirche im Ort bei Weitem nicht mehr für die Menge der Gläubigen ausreichen würde. 1957 wurde in direkter Nachbarschaft die neue Barbarakirche geweiht. Drohte dem alten Gotteshaus nun der zweite, endgültige Abbruch? Die Möglichkeit stand natürlich im Raum, doch auch der alten St.-Barbara-Kirche war das Schicksal gnädig. Sie wurde zum Bürgersaal umfunktioniert und erfüllt damit weiterhin eine wichtige Funktion in der Littenweiler Ortsmitte. Einige ihrer Ausstattungsstücke, darunter eine wertvolle Marienfigur aus dem 15. Jahrhundert, wurden in die Nachfolgerin übernommen, die Barbarakapelle der neuen Kirche weist sogar den früheren Hochaltar auf und erinnert so angemessen an ihre Nachbarin, aber auch an die Zeit der Wallfahrten auf den Eichberg.

Das besondere Erlebnis

Eine dritte profanierte Kirche in Freiburg können Sie sogar mieten – vorausgesetzt, Sie suchen einen kleinen, überschaubaren Raum für eine kulturelle Veranstaltung. Die ehemalige Kapelle St. Peter und Paul in St. Georgen an der Andreas-Hofer-Straße ist das älteste der drei hier vorgestellten umgewidmeten Sakralgebäude und in ihrer Substanz noch gotisch. 1353 erstmals erwähnt, wurde sie bereits 1787 infolge der Aufklärung entweiht und zwischenzeitlich zu einem Wohnhaus umgebaut. Nachdem die Stadt die Kapelle zurückgekauft hatte, gestaltete sie diese 1984 bis 1986 zu einem Veranstaltungsraum für Lesungen, kleine Konzerte und Theateraufführungen um.

15

DAS FREIBURGER PANOPTICON

Justizvollzugsanstalt Freiburg

»Ich sehe was, was Du nicht siehst!« – dieser Spruch des beliebten Kinderspiels hatte für die Insassen des neuen großherzoglichen Landesgefängnisses Freiburg eine ganz eigene Bedeutung. Der Bau ist ein Muster des Überwachungsdenkens jener Tage.

Stadtteil Neuburg **Ort** Hermann-Herder-Straße 8, 79104 Freiburg im Breisgau
GPS 48.004309, 7.850928 **Anfahrt** Bus 23, Haltestelle Sonnenstraße; Straßenbahn 4, Haltestelle Tennenbacher Straße

Spielen im Schatten der Justizvollzugsanstalt Freiburg

STRAFE MUSS SEIN Der Rat der Stadt hatte sich 1668 mit einem etwas makabren Fall eines seiner Untergebenen zu befassen, der zudem ein gewisses Fingerspitzengefühl verlangte: »Der todtengräber soll umb willen seines haußens ins rathsloch oder gefenkhnus abbießen«, wichtig war jedoch der Zusatz »fahls niemand gestorben«. Der Verurteilte musste also hoffen, dass ihm die Freiburger in den kommenden Tagen den Gefallen taten, in regelmäßiger Abfolge zu sterben, damit er – vorerst – seiner Strafe entging. Denn die war alles andere als leicht abzusitzen, ein Aufenthalt im Loch war bereits eine verschärfte Sanktion, man fragt sich, wie sehr der Totengräber »gehaust« haben mochte, um dies zu verdienen. Andererseits kann man die Bestrafung trotzdem als noch glimpflich bezeichnen, waren Gefängnisstrafen doch in Mittelalter und Früher Neuzeit eher die Ausnahme und nicht mit unserem Verständnis einer Haft gleichzusetzen. Üblich waren Körperstrafen, selbst für kleinere Vergehen, angefangen von Auspeitschungen, Brandmarkungen, bis hin zum Verlust von Körperteilen oder Todesstrafen wie dem Enthaupten oder Erhängen, aber auch dem Rädern, Verbrennen oder Vierteilen. Für geringere Vergehen gab es öffentliche Demütigungen wie das Stehen am Pranger oder auch den Landesverweis. Der typische Insasse eines Gefängnisses stattdessen war der Schuldner, ansonsten sperrte man nur Untersuchungsgefangene bis zum Prozess ein oder Menschen wie unseren Totengräber, die kurze, der Mahnung dienende Strafen abzusitzen hatten. Ein Hauptgefängnis gab es deshalb nicht, die Zellen verteilten sich auf obrigkeitliche Gebäude der Stadt, so auch in Freiburg. Bevorzugt waren dies die Stadttürme, gerade die Torgebäude besaßen jeweils einen Kerker, allgemein war das Wort »Turm« oft gleichbedeutend mit Gefängnis. Das verschwundene Prediger- und das Christoffelstor enthielten ebenso ihre Zellen wie das noch vorhandene Martinstor, aber auch im Spital saßen Verurteilte ein, die dort zu Arbeiten gezwungen für mehrere Wochen oder Monate an einen Klotz gekettet wurden. Damit zeichnete sich gewissermaßen bereits die Zukunft ab.

BIG BROTHER Die Überlegungen der Obrigkeit gingen mit der Aufklärung dahin, die Arbeitskraft der Übeltäter besser zu nutzen und gleichzeitig erzieherisch zu wirken. Der Name der hierfür geschaffenen Anstalten, der Arbeits- und Zuchthäuser, steht für dieses Konzept. Die Körperstrafen wurden weniger, die Folter teils abgeschafft, dafür wurden nun die Haftstrafen länger und vor allem besser organisiert. Einen Delinquenten einfach mal für zwei Wochen in ein fensterloses Loch zu werfen, war nicht mehr opportun, nutzte weder ihm noch der Gesellschaft. Arbeitende Sträflinge, die noch dazu belehrt und diszipliniert werden konnten, schienen der weitaus bessere Weg. Nach der Französischen Revolution hatte sich dieser Gedanke vollends durchgesetzt. Die zeitliche Haftstrafe war nun das Sanktionsmittel schlechthin, doch hierfür mussten erst die entsprechenden Räume, sprich Gefängnisse für Hunderte von Verurteilten geschaffen werden. Dadurch ergab sich ein neues Problem aus Sicht des Staates: Man brachte ausgerechnet alle möglichen Verbrecher zusammen, nicht die Leitung erzog die Gefangenen, sondern diese sich untereinander, Tipps und Tricks wurden ausgetauscht, neue Bündnisse geschmiedet, die Rückfallquote war enorm. Der britische Sozialreformer und Philosoph Jeremy Bentham schlug gegen diesen Missstand ein neues Konzept vor, das der Totalüberwachung. Der Gefangene sollte jederzeit der Beobachtung ausgesetzt sein. Dafür entwarf Bentham einen Anstaltstyp nach dem Prinzip des Panopticons: in der

Mitte ein Turm für die Aufseher, außen herum die Zellengebäude. Umgekehrt aber wurden die Insassen komplett voneinander abgeschirmt: Sie trugen Masken und Nummern statt Namen, ihre Sitzplätze bei der Arbeit, beim Essen und in der Kirche waren mit Sichtblenden getrennt, Einzelhaft war Standard. Benthams Ideen wurden erstmals in den USA umgesetzt und fanden bald auch in Europa Verbreitung.

CAFÉ FÜNFECK Der gebürtige Karlsruher Jakob Friedrich Alois Hemberger übernahm in den 1870er-Jahren den Auftrag zum Bau des 1878 fertiggestellten großherzoglichen Landesgefängnisses für Freiburg. Hemberger war ein Schüler des damals in Baden führenden Architekten Friedrich Eisenlohr – Erbauer des verschwundenen Hauptbahnhofes (siehe Kapitel 23) – und vor allem von Heinrich Hübsch, der nicht nur die Ludwigskirche (siehe Kapitel 3), sondern auch die Haftanstalt in Bruchsal errichtet hatte, das maßgebliche »moderne« Gefängnis im Land. Hemberger orientierte sich an diesem Vorbild, das den Panopticon-Stil etabliert hatte. In Freiburg manifestierte sich dieser geradezu exemplarisch in fünf sternförmigen Trakten, die vom mittleren, erhöhten Turmgebäude ausgingen. Oder wie es der am Bau beteiligte Freiherr von Stengel formulierte: »Die nach dem System der strahlenförmigen Anlagen ausgeführte badische Central-Strafanstalt für Männer liegt im Norden der Stadt, auf allen Seiten frei. Sie stellt sich dem Auge als ein stattlicher, burgähnlicher, von hoher Kuppel überragter Steinbau dar.« Nun, frei steht die Justizvollzugsanstalt längst nicht mehr und allerlei An- und Zubauten haben ihr Aussehen etwas verändert – am deutlichsten der moderne Torneubau von 1983, der anders als der prunkvolle, im Luftangriff 1944 zerstörte Vorgänger, symmetriestörend an einer der Ecken der Anstalt angebracht wurde – aber im Kern und insbesondere aus der Luft ist das ursprüngliche Fünfeck noch immer fast stilrein erkennbar. Der Strafvollzug hat sich dagegen nach einer zwischenzeitlich noch gesteigerten Barbarisierung während des Nationalsozialismus, als hier Wehrmachtsangehörige, französische und auch politische Gefangene festgehalten und auch teils hingerichtet wurden, glücklicherweise stark verändert. Verschwunden ist vor allem das Benthamsche

Konzept der kompletten Abschottung im Inneren. Dies ändert allerdings mit Sicherheit nichts daran, dass man das Freiburger Gefängnis lieber als historisches Denkmal von außen betrachtet.

Das besondere Erlebnis

Freiburg ist auch eine Stadt der seltsamen Spielplätze: Sicherlich der kurioseste ist derjenige in der Wiehre auf dem alten Friedhof (siehe Kapitel 25), auch die Lage direkt vor dem ehemaligen Bunkereingang in der Kartäuserstraße (siehe Kapitel 13) ist ungewöhnlich. Ein besonderes Flair besitzt schließlich das Spielgelände an der Ecke Tennenbacher/Sautierstraße: Hier können die Sprösslinge direkt im Schatten der hochaufragenden Gefängnismauern ihrem Vergnügen nachgehen. Ob dies schon als subtile Form schwarzer Pädagogik zu gelten hat, sei dahingestellt.

Das Panopticon-Konzept wurde mit der sternförmigen Anordnung um den Mittelturm perfekt umgesetzt.

Die Thomaskirche steht bereits leer und harrt einer neuen Aufgabe.

16

NIEMALS GEHT MAN SO GANZ

Thomaskirche und Lutherkirche

Wie die benachbarte katholischen Elisabethkirche, sieht auch die evangelische Thomaskirche einer neuen Zukunft entgegen. Und selbst Freiburgs größtes protestantisches Gotteshaus, die Lutherkirche, wird umgewidmet.

Stadtteil Zähringen **Ort** Tullastr. 15, 79108 Freiburg im Breisgau **GPS** 48.020081, 7.854785 **Anfahrt** Bus 27, Haltestelle Offenburger Straße; Straßenbahn 2 und 4, Haltestelle Tullastraße

Stadtteil Stühlinger **Ort** Lutherkirchstr. 1, 79106 Freiburg im Breisgau **GPS** 48.003750, 7.840729 **Anfahrt** Bus 14, Haltestelle Kreuzstraße; Straßenbahn 2, Haltestelle Friedrich-Ebert-Platz

DIE THOMASKIRCHE Das Kirchensterben ist ökumenisch. Und so trifft es nach der katholischen Elisabethkirche (siehe Kapitel 14) auch ihre evangelische Nachbargemeinde. Auch die ist ein Kind der Nachkriegszeit, als die Bevölkerung stark zunahm, darunter auch viele Protestanten, über 2000 waren es schließlich um 1950 in Zähringen, sodass zusätzliche Kirchen notwendig wurden. Ein eigenes Gotteshaus wurde folglich ins Auge gefasst, 1959 konnte der moderne Bau errichtet werden, er war ein brüderliches Werk: Architekt war Walter Körte, das Hauptausstattungsstück, die farbenreichen Fenster, schuf Hugo Körte. Angelegt auf gut 300 Besucher, erwies sich die Kirche schnell als zu klein, durch verschiedene Anbauten wie Kindergarten, Jugendräume und einen Gemeindesaal wurde Abhilfe geschaffen, denn letzterer ließ sich zur Kirche hin öffnen und sorgte für weitere Sitzplätze. Die Thomasgemeinde war gut ins Stadtteilleben integriert, zahlreiche Veranstaltungen nicht nur kirchlicher Art richteten sich an eine breitere Öffentlichkeit, von Konzerten bis zu Beratungen. Bereits 2007 wurde die Pfarrei mit der benachbarten Ludwigskirche (siehe Kapitel 3) zur Kirchengemeinde Freiburg-Nord fusioniert, nun stehen weitere tiefgreifende Veränderungen an. Die Anbauten werden bis 2022 verschwinden und einem Pflegeheim Platz machen, das Kirchengebäude soll jedoch erhalten werden, als offenes Gotteshaus – damit die Thomaskirche Begegnungsort im Stadtteil bleibt.

DIE LUTHERKIRCHE Dass die Plätze in der Lutherkirche in Zukunft oft prall gefüllt sein werden, davon ist auszugehen. Zahlreiche junge Menschen werden durch ihre Tore strömen, doch nicht, um Predigten zu lauschen, sondern um Vorlesungen zu hören. 1913 war im Stühlinger das imposante Gotteshaus angefangen worden, eine Mischung aus Klassizismus und Jugendstil, vollendet durch die Verzögerungen des Weltkriegs erst 1919. Ein langes Dasein war ihm nicht beschert, 1944 ging es im Luftangriff bereits zugrunde. Aufgrund der massiven Zerstörungen riss man alles ab und ließ komplett neu bauen. Die zweite Lutherkirche von 1952 war ein eher schematischer Sakralbau, der bestenfalls durch seine Größe – ausgelegt für 800 Gläubige – auffiel. So viele Besucher hatte sie inzwischen längst nicht mehr, sodass Freiburgs größte protestantische Kirche 2016 ihre Pforten schloss. Die Universität, an Platznot leidend, hat zugegriffen und möchte das Innere zum Vorlesungssaal für die angehenden Mediziner umgestalten. Bleiben wird dadurch die äußere Gestalt – und der Kirchturm mitsamt Glocken.

Das besondere Erlebnis

Der Peterhof (Niemensstr. 10) ist bereits seit Längerem in Besitz der Universität, hier wird die einstige Kapelle jedoch noch immer genutzt. Die ehemalige Niederlassung des Schwarzwälder Klosters Sankt Peter wurde in der Spätgotik erbaut, später barock umgestaltet und während des Luftangriffs 1944 größtenteils zerstört – die Kapelle jedoch überstand die Zeitläufte unverändert. Durch seine Gedrungenheit, die alten Gewölbe und die Bemalung wirkt der Raum geradezu mystisch, die Verwendung durch die orthodoxen Kirchen Freiburgs passt hierzu perfekt.

Ihre Nebenbauten werden aber wohl verschwinden.

17

HALTLOS

Straßenbahnhaltestelle an der Komturbrücke

Die Haltestelle der Straßenbahn an der Komturbrücke war einst besonders hübsch gestaltet, dann wurde sie verlegt. Nun sorgt sie für Verlegenheit, denn von hübsch kann keine Rede mehr sein.

Stadtteil Herdern **Ort** Händelstraße/Okenstraße, 79104 Freiburg im Breisgau **GPS** 48.011767, 7.854538 **Anfahrt** Bus 23, Haltestelle Rennweg; Straßenbahn 2, Haltestelle Komturplatz; Straßenbahn 4, Haltestelle Okenstraße

Auf dem Trockenen: das Tempelhäuschen an der Komturbrücke

WILLKOMMEN IN ZÄHRINGEN Nach Haslach und Günterstal 1890 war Zähringen der nächste Ort, der 1906 der wachsenden Breisgau-Metropole Freiburg eingemeindet wurde, dafür aber unter anderem eine bessere Anbindung an den nun ehemaligen Nachbarn verlangte, gewünscht wurde der Anschluss an die Straßenbahn. Die fuhr bislang nur bis zum Rennweg, was nicht ganz so überraschend war, denn nördlich wäre sie auf den Damm der Rheintalbahn getroffen, einen Durchgang gab es hier nicht. Für die geplante Verlängerung der Linie musste somit erst einmal eine Öffnung her. Diese entstand schließlich 1910 in Form der Komturbrücke, die mit einigem Aufwand gestaltet wurde. Denn schließlich diente sie nicht nur als Unterquerung der Bahnstrecke, sondern war zugleich die Haltestelle Komturplatz an der im gleichen Jahr neu eröffneten Linie 2 von Günterstal bis in die Zähringer Reutebachgasse. Und so erhielt die Brücke im Norden Sitznischen und ein Brünnchen, noch aufwendiger war sie auf der Südseite, wo am Gewerbekanal ein ganzes Tempelhäuschen, ebenfalls mit einem Brunnenbecken, und gegenüber sogar ein massives Toilettengebäude errichtet wurde. Hier ließ sich recht nett auf die Straßenbahn warten – das Idyll währte aber nur gute 18 Jahre, dann folgte die Verlegung der Haltestelle Komturplatz auf die Nordseite und mit Abstand von der Brücke. Der Grund: Das fehlende Verbindungsstück zwischen den damaligen Linien 2 und 4, die bislang nur bis zum Güterbahnhof (siehe Kapitel 23) bzw. Rennweg fuhren, war 1928 geschlossen worden, nun konnte man bequem an der Kreuzung beim – neuen – Halt Komturplatz umsteigen.

VOM BLICKFANG ZUM SCHANDFLECK Es sollte noch schlimmer kommen. Nun warteten zwar hier keine Fahrgäste mehr, aber schmuck sah die Brücke deshalb trotzdem noch aus. Bis sie 1945 zum Kriegsende von übereifrigen Pioniersoldaten – gegen den Befehl des Stadtkommandanten – gesprengt wurde. Das war sinnlos und hinderte die französische Armee nicht am Einzug, betroffen war aber zum Glück größtenteils nur die Metallkonstruktion der Brücke, die bald wiederhergestellt werden konnte. Seither steht sie da, nicht mehr, aber eher weniger. Vom zunehmenden Autoverkehr als sogenanntes Nadelöhr ohnehin nicht geliebt, bietet sich nach jahrzehntelanger Vernachlässigung ein reichlich tristes Bild. Insbesondere die früheren Accessoires haben arg gelitten: Das Tempelhäuschen mit seinem versiegten Brunnen ist eingewachsen und vollgemüllt, die nach langer Nutzung als Lagerraum leer stehenden Toiletten sind besprüht und unansehnlich. Abhilfe: vorerst keine. Die Bahn sorgt sich nur um die Sicherheit, nicht die Schönheit der Brücke, und Erstere ist nicht gefährdet. Die Stadt kann deshalb nur bedingt eingreifen, der Wunsch nach Verbesserung der Situation wird aber gerade unter den Anrainern immer größer, denn schon zu ihrem 100. Geburtstag 2010 war die Komturbrücke ein ziemliches Schmuddelkind – und seitdem hat sich wenig getan.

Das besondere Erlebnis

Die Brücke, der Komturweg, aber auch die Johanniterstraße erinnern an die Kommenden der Ritterorden im Stadtteil Neuburg. Während der Deutsche Orden seine Niederlassung nach der Zerstörung für die Festungsbauten Vaubans 1677 in die Innenstadt (an die Salzstraße) verlegte, gaben die Johanniter ihren Sitz, der 1240 erstmals erwähnt worden war, komplett auf und legten die Kommende mit dem Großpriorat Heitersheim zusammen, das einst Freiburg unterstand, dieses aber an Bedeutung längst überholt hatte. Die Gebäude und die zugehörige Kirche St. Johannes verschwanden vollständig.

Modern verziert hat jemand einen der alten Brunnentröge am Augustinerweg.

18

REBEN, RÄTSEL UND RELIKTE

Am Augustinerweg

Am idyllischen Weg entlang des leicht verwilderten Südhanges des Schlossberges stößt man auf einige Seltsamkeiten und Besonderheiten sowie prophetische Spukgestalten.

Stadtteil Oberau **Ort** Augustinerweg, 79098 Freiburg im Breisgau
GPS 47.992669, 7.861862 **Anfahrt** Bus 17, Haltestelle Fabrikstraße; Straßenbahn 1, Haltestelle Schwabentorbrücke

BÄCHLESTOLLEN Wer vom Schwabentor her den Augustinerweg am Gewerbekanal entlangläuft, dem wird dieses für das Selbstverständnis Freiburgs so wichtige Loch vermutlich gar nicht auffallen, höchstens das Rauschen des dort vorhandenen Wehres zur Ableitung des Wassers für die berühmten Bächle. Hier, nahe der Rückseite des SWR-Gebäudes, zweigt der Stollen ab, der auf gut 430 Metern das Wasser in die berühmten Straßenrinnen bringt, die die Altstadt schon seit dem Hochmittelalter wie Adern durchziehen und dem Brandschutz, der Erfrischung, dem Abfluss von Regengüssen, aber auch der Müllbeseitigung dienten. Doch genau genommen ist der Bächlestollen kein Stollen, sondern eine Röhre. Er wurde nämlich keineswegs durch das Gestein des Schlossbergs getrieben, stattdessen überbaute man einen bereits vorhandenen Kanal, der sich am Hang entlang zog, mit einem gemauerten Gewölbe und schüttete dieses dann mit Erde zu, sodass ein »natürlicher« Eindruck entstand. Geschehen ist dies wohl gegen Ende des 17. Jahrhunderts im Rahmen des Aus- und Umbaus Freiburgs zur Barockfestung. Gut 1,15 Meter breit und 1,20 Meter hoch ist der Stollen, also nur mit Mühe begehbar, weshalb man den genauen Verlauf auch lange Zeit nicht kannte – erst jüngster Zeit, 2020, wurden die neuesten Erkenntnisse aus einem hochmodernen Scan-Verfahren vorgestellt. Zugänge – schließlich sind Kontrollen notwendig – hat die Röhre, außer dem Eingang am Augustinerweg, natürlich trotzdem, etwa über die späteren Durchbrüche für den Schlossbergbunker. Teilweise zerstört wurde das Gewölbe durch Erdrutsche, der Durchfluss wurde jedoch gesichert. Über den Bunkereingang an der Kartäuserstraße (siehe Kapitel 13) gelangt man außerdem zu einer weiteren Kuriosität: Städtische Beamte, die für den Rat der Stadt auch für die Bächle und den Stollen zuständig waren, haben sich hier in Tafeln verewigt, beziehungsweise wurden diese Plaketten später hierhergebracht – ihr ursprünglicher Standort ist unbekannt. »Bauherren« der Jahre 1628 bis 1834 haben hier ihr Zeichen hinterlassen, das nun jedoch buchstäblich etwas ins Dunkel der Geschichte gerückt ist.

WER BIN ICH? Dies gilt umso mehr für eine Tafel, die allerdings ganz offen zutage liegt. Wer nach dem Brücklein zur Kartäuserstraße nicht gerade am Kanal, sondern ansteigend hoch Richtung Burghalde weitergeht, stößt dort nach kurzer Zeit an einem Felsvorsprung auf eine leicht rostig

Die vielen Mauerreste am südlichen Schlossberg stammen meist von Weinbergen.

verwitterte, aber immer noch gut lesbare Platte mit folgender Inschrift: »Hier ruht ein Greis, der stets in freier Brust / Des Rechts der eignen Forschung sich bewusst / Auf Menschen Satzung nimmer blind vertraut, / Still seiner Hoffnung Altar selbst erbaut. / Genossen seines Lebens zeugt für ihn nach Wahrheit. / Du ewiger Richter, schenk uns allen Gnad und Klarheit.« Auch wem zu Ehren das Schild angebracht wurde, verrät es selbst: »Christian August Hoffmann, Dr. med., geb. d. 27. August 1790, gest. d. 6. Dec. 1868«. Und es geht noch weiter: »An seine Grösse denkt, an seine Milde, / An seines Herzens liebenswerte Züge, / an alle Edelthaten seines Lebens.« Man darf also vermuten, dass hier eines verdienstvollen Freiburgers gedacht wird – was keineswegs der Fall ist. Im genannten Zeitraum ist kein Einwohner dieses Namens bekannt, ein Dr. Hoffmann taucht in den Akten und Urkunden nicht auf. Erst recht ist hier an diesem Ort am Schlossberghang niemand, was auch sehr verwundern würde, begraben, wie es die Inschrift ja suggeriert. Die Hoffmann-Plakette zählte lange Zeit zu den großen Rätseln Freiburgs, bis zwei Forscherinnen vor Kurzem etwas mehr Licht in die Angelegenheit bringen konnten: Vermutlich gehört das Schild nicht ursprünglich hierher, denn Dr. Hoffmann lebte und arbeitete die meiste Zeit in seiner Heimatstadt, dem thüringischen Suhl. In der unruhigen Zeit der napoleonischen Kriege kam er wohl auch einmal in den Schwarzwald, was aber wohl nicht der Anlass für die Anbringung der Plakette war. Die stammte sicherlich ebenfalls aus Suhl und wurde später von der Freiburger Verwandtschaft Hoffmanns gerettet, als in Suhl der dortige Friedhof aufgelöst wurde. So die Theorie. Einige Rätsel bleiben.

Nahe des Bächlestollens findet sich das Hexenwegle.

WEINBERGE, BRUNNEN, MAUERN Wer nicht hochsteigt (oder wieder hinab) und auf dem Augustinerweg bleibt, dem werden ständig am Hang kleinere und größere, oft verfallene Mäuerchen auffallen, dazu krumme Treppen, die nicht selten ins Nichts führen oder Brunnen, die halb zerbrochen bessere Tage hinter sich haben. Diese größtenteils eingewachsenen Überbleibsel erinnern an die einst hier angelegten Weingärten, die noch im 19. Jahrhundert den südlichen Schlossberg zierten. Heute wirken die von der Natur zurückeroberten und über das ganze Gebiet zwischen Bächlestollen und Waldsee verteilten Reste geheimnisvoll bis wildromantisch. Wenig verwunderlich also, dass sich hier einige merkwürdige, aber (meist) freundliche Gestalten herumtreiben. Am östlichen Rand etwa liegt der Geisbrunnen, wo sich ein kleines Männlein herumtreibt, das prophetische Gaben besitzt. Um etwas über den Verlauf des nächsten Jahres zu erfahren, muss man sich allerdings die Mühe machen, in der Neujahrsnacht zum

Zerfallene Brunnen erinnern ebenfalls an die Zeit der Weingärten.

Geisbrunnen zu laufen. Gesprächig ist der kleine Kollege nicht, aber wenn er drei Ähren in der einen und drei Trauben in der anderen Hand hält, darf man sich freuen: alles wird gut. Steht er nur mit traurigem Gesicht da, darf man sich dagegen auf einiges gefasst machen. Direkt in den früheren Weinbergen ist nachts hin und wieder ein sehr schönes junges Fräulein anzutreffen, die nicht nur passenderweise Weinlaub und Efeu im Haar trägt, sondern ebenfalls über die Zukunft Bescheid weiß, wenn auch nur über eine ganz spezifische. Hat sie nämlich eine silberne Kanne dabei und gießt sie diese aus, entsteht dort ein hervorragender Weinjahrgang. Offenkundig hat sie schon lange nicht mehr am Schlossberg gegossen. Vielleicht vertreibt sie sich die Zeit inzwischen lieber mit dem ihr nachgesagten Schabernack: Jungs lockt sie gerne ins verwilderte Gebüsch, sodass sie sich dort verlaufen (ein nicht ganz unrealistischer Gedanke), Mädchen spritzt sie Wasser ins Gesicht, dessen Tropfen als Sommersprossen haften bleiben.

Das besondere Erlebnis

Roter Teppich auf dem Münsterplatz, eine Ehrenformation der Bundeswehr, alles war bestens vorbereitet für den Freiburger Gipfel zum Empfang des französischen Staatspräsidenten Jacques Chirac 2001. Doch ausgerechnet Bundeskanzler Gerhard Schröder leistete sich damals einen klassischen Fehltritt: Er setzte versehentlich seinen Fuß in eines der Bächle. Die üblichen Folgen sind stadtbekannt, betrafen den damaligen Regierungschef aber nur bedingt: Zwar heiratete er später tatsächlich (noch einmal), aber keineswegs eine Freiburgerin, wie es das inoffizielle Stadtgesetz eigentlich vorsieht …

19

EIN MEUCHELNDER METZGER?

Das Bischofskreuz

War es eine Heldentat oder ein feiges Attentat? Um das Steinkreuz in Betzenhausen ranken sich Geschichten und Gerüchte. Klar scheint: Hier starb ein Bischof.

Stadtteil Betzenhausen **Ort** Sundgauallee, 79114 Freiburg im Breisgau
GPS 48.005789, 7.819845 **Anfahrt** Bus 10, 22, 36, Haltestelle Bissierstraße; Straßenbahn 1, Haltestelle Am Bischofskreuz

Die auffällige Albertskirche ist die Nachbarin des Bischofskreuzes.

ZOFF MIT DEM GRAFEN Die Vorgeschichte ist die ganz große Reichsgeschichte. Rudolf von Habsburg, der erste aus diesem Geschlecht auf dem deutschen Königsthron, war am 15. Juli 1291 verstorben. Es standen also Herrscherwahlen an. Vielen schien es natürlich, dass Rudolfs Sohn Albrecht seinem Vater nachfolgen werde, doch es kam anders. Die Wahl fiel auf Adolf von Nassau, der schließlich im Mai 1292 zum König gekrönt wurde. Nur wollte sich Albrecht mit diesem Ergebnis nicht abfinden. Und er war nicht allein, die Habsburger hatten vor allem im Süden viele Verbündete. Unter anderem den Grafen Egino von Freiburg, der seit 1271 regierte – anfangs noch im Streit mit Rudolf von Habsburg – und der im Dauerclinch lag mit der ihm untergebenen, aber nach Freiheit von seiner Herrschaft strebenden Stadt Freiburg. Nun kam hinzu, dass die Freiburger Bürger sich als königstreu verstanden und den rechtmäßig gewählten Adolf von Nassau anerkannten – anders als ihr Stadtherr. Als nun der Habsburger Albrecht 1298 von Süden her mit einer großen Streitmacht in Richtung Frankfurt heranzog, verweigerte ihm die Stadt Freiburg die Quartiernahme und verschloss ihre Tore. Anders der darüber heftig erboste Egino, er bot Albrecht seine Hilfe an und schloss sich mit einer Truppe dessen Mannschaft an. Kurz darauf kam es zu einer Schlacht um den Thron, bei der Adolf von Nassau unterlag, Albrecht wurde nun ganz legal König des Reiches. Für die Freiburger war das naturgemäß nicht unbedingt eine gute Nachricht: Egino kam als Sieger aus der Schlacht zurück, eng verbündet mit dem neuen König, den die Städter vor Kurzem noch verärgert hatten.

DER GEMETZGERTE BISCHOF Eine Auseinandersetzung war also vorprogrammiert. Und es gab gleich zwei Anlässe: Einerseits kamen Bürgertruppen aus dem Elsass herüber und verwüsteten Freiburger Besitzungen, man vermutete in der Stadt, Albrecht räche sich damit indirekt für das unbotmäßige Verhalten der Freiburger, denn er hatte im Elsass großen Einfluss. Außerdem wurde bekannt, wie stark Egino für den Thronkampf aufgerüstet hatte – nur besaß der Graf traditionell leere Kassen, es stand zu befürchten, dass er die Kosten auf die Bürger der Stadt abwälzen würde. Diese gingen nun sozusagen präventiv vor: Sie belagerten Egino in der unteren Burg auf dem Schlossberg, der dadurch in arge Bedrängnis geriet. Zu Hilfe kam ihm sein Schwager Konrad von Lichtenberg, der war zwar Bischof von Straßburg, aber zugleich ein hart erprobter Kämpfer. Mit laut Quellen bis zu 12 000 Mann näherte sich dieser nun Anfang Juli 1299 der Stadt. Wieder wollte man sich nicht das Heft aus der Hand nehmen lassen, und zog dem heranrückenden Heer entgehen. In der Nähe

Die Kapelle ist da weit schlichter.

Nur der obere Teil stammt vom echten Bischofskreuz.

von Betzenhausen, damals noch gut eine Stunde vor der Stadt gelegen, kam es zum Aufeinandertreffen. Es muss eine blutige Angelegenheit mit vielen Toten gewesen sein. Bischof Konrad trieb seine Mannen zur Entschlossenheit an; er war mitten unter seinen Kämpfern, als ein einzelner Freiburger in die feindliche Menge einbrach und den Geistlichen tötete. Ihres Oberhauptes beraubt, zogen sich die Straßburger zurück. Nominell hatten die Freiburger gewonnen – aber war es nicht eher ein klassischer Pyrrhussieg? Die Belagerungsgefahr war vorerst gebannt, aber dafür hatte man einen hohen Geistlichen und Reichsfürsten umgebracht, noch dazu den Schwager des Stadtherrn Egino und einen engen Freund des ohnehin der Stadt nicht gewogenen Königs.

KURIOSE FOLGEN In den späteren Geschichten über die Schlacht klingt das alles viel heroischer. Die Ausschmückungen wurden immer exakter: Ein Metzger soll es gewesen sein, der mutig den Bischof im Alleingang vom Pferd holte. Sogar sein Name tauchte irgendwann auf: Hauri. Die Metzgerzunft wurde mit dem Vorrang bei den Prozessionen der Stadt belohnt. Doch das sind alles spätere Zutaten. Bischof Konrad war zwar an den Folgen eines Angriffs in der Schlacht gestorben, für die Freiburger stellte sich aber nun die Frage, was passieren würde. Erstaunlicherweise wurde im Folgejahr ein Frieden zwischen Egino und der Stadt geschlossen, unter anderem ausgerechnet vermittelt vom Bruder des Toten, Friedrich von Lichtenberg, der ihm als Bischof folgte. Das war natürlich ein wichtiger Schritt in der Stadtgeschichte, spannender aber sind die vielen anderen Folgen der Schlacht. Die bekannteste und immer noch sichtbarste ist unser Objekt, das Steinkreuz. Ungeklärt ist, ob es als eine Art Sühneleistung für den Tod des Bischofs von den Freiburgern aufgestellt werden musste oder ob es als Gedenkstein für den Sterbeort Konrads dienen sollte, etwa von der Grafenfamilie oder von Straßburger Untertanen. In jedem Fall dürfte es tatsächlich aus jenen Tagen stammen, wie die Form und Schrift nahelegen, trotz der Veränderungen späterer Tage. Das ursprüngliche Kreuz ist nur der obere Teil, der Sockel wurde hinzugefügt. Ohnehin hat das Kreuz eine buchstäblich bewegte Geschichte hinter sich: 1311 wurde es erstmals erwähnt, mit der Zeit verwirrte sich die Erinnerung über die Ereignisse: Nun kam das Gerücht auf, ein heiliger Bischof sei hier begraben. Wallfahrten bildeten sich, die besonders bei den Elsässern beliebt waren. 1686 wurde schließlich eine Kapelle errichtet, das Bischofskreuz in den Altar eingemauert. Ende des 18. Jahrhunderts wurde die Kapelle auf Befehl von oben wieder abgebrochen, das

Kreuz wanderte auf den Betzenhausener Friedhof, von dort erneut zurück an den alten Standort, was ihm auch nicht guttat: Die Witterung löste die Inschrift auf, irgendein unachtsamer Bauer schlug versehentlich den Großteil des linken Kreuzarmes ab. 1903 wurde dann endlich der noch bestehende Schutzbau in Minikapellenform errichtet, der recht unauffällig neben der umso mehr ins Auge stechenden modernen Albertskirche sein Dasein fristet. Und geblieben ist auch ein bis heute ebenso ungelöster wie heiß diskutierter Gelehrtenstreit: War die Tat des vermeintlichen Metzgers ein mutiges und schlachtentscheidendes Vorpreschen oder die feige Tat eines Einzelnen während einer ruhigen Kampfphase, geradezu ein Sakrileg: der Mord an einem hohen Geistlichen?

Das besondere Erlebnis

Im benachbarten Ebringen findet sich eine ganze Gruppe von Steinkreuzen, eingemauert in eine Wand, der die Kapelle um das Freiburger Bischofskreuz als Vorbild gedient hatte. Diese Kleindenkmale werden mit Ereignissen in Verbindung gebracht, an der die Stadtbürger ebenfalls nicht unbeteiligt waren. Bei der »blutigen Kirchweih« von 1495 in Ebringen kam im ausgebrochenen Streitgetümmel ein Freiburger ums Leben, heftige Reaktionen erfolgten. Der Tod des Freiburgers und die folgenden Auseinandersetzungen sind urkundlich bestens dokumentiert – nur mit den Ebringer Kreuzen haben sie wohl nichts zu tun. Mehr dazu im Band »Lost & Dark Places Schwarzwald«.

Eine Inschrift an der Rückseite erinnert an den Kapellenbau 1903.

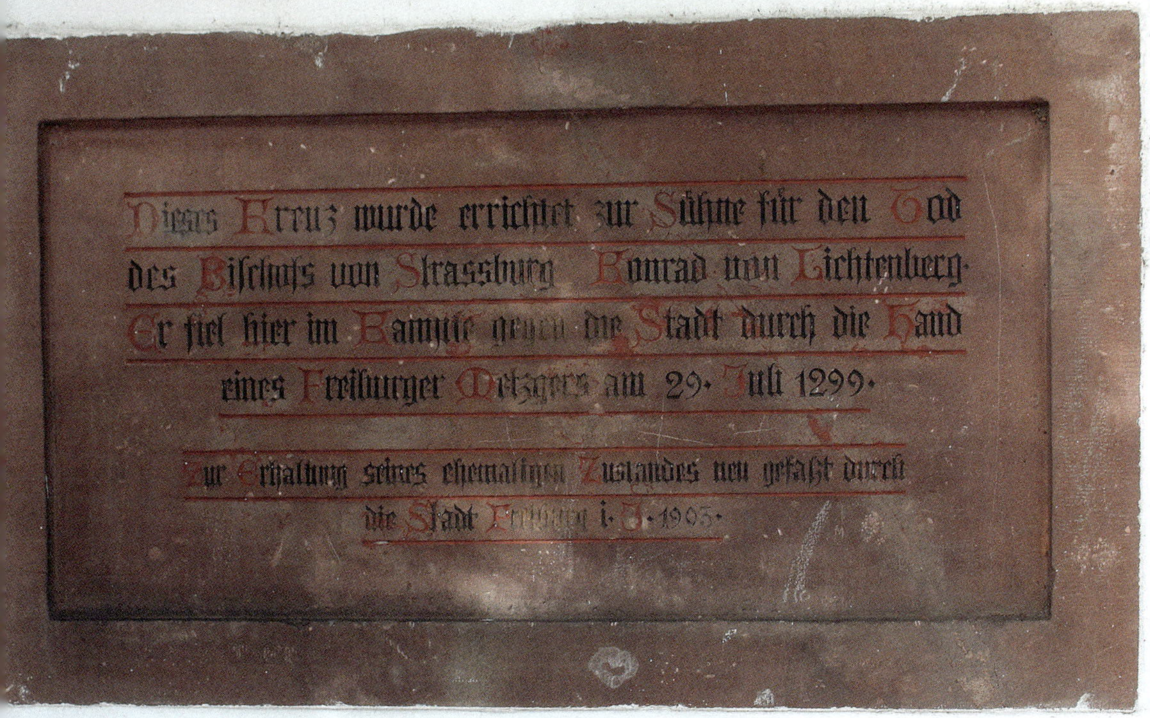

Natur und Technik: die Gaskugel in Betzenhausen

20

NUR NOCH HEISSE LUFT

Die Freiburger Gaskugel

Früher gefürchtet, heute geliebt: Der kugelförmige Gasbehälter in Betzenhausen hat seit 2019 ausgedient. Hat man ihn bei Inbetriebnahme 1965 nicht haben wollen, fürchtet man nun um seine Zukunft.

Stadtteil Betzenhausen **Ort** Fischermatte 1–7, 79111 Freiburg im Breisgau **GPS** 48.007669, 7.805657 **Anfahrt** Bus 10, 19, 31, 32, Haltestelle Paduaallee; Straßenbahn 1, Haltestelle Betzenhauser Torplatz

DER UNTERGANG WAR NAHE Wer auf dem kleinen Plätzchen vor der Betzenhausener Kirche steht, dort, wo Freiburg noch ganz dörflich wirkt, der sieht sie beim Blick nach Süden über die Häuserdächer ragen: die Gaskugel. Genau diesen Anblick fürchteten die Bewohner des Stadtteils, als ihnen 1963 verkündet wurde, die Stadt habe den Bau eines Gasspeichers genehmigt, nicht weit entfernt, zwischen letzten Wohnhäusern am Stadtrand und der kanalisierten Dreisam. Eigentlich war an solch ein Vorhaben hier gar nicht zu denken, denn dieser Streifen galt als Landschaftsschutzgebiet – doch jetzt hatten die städtischen Behörden diesen Status kurzerhand aufgehoben. Die Verärgerung und die Ängste waren groß: Abgesehen davon, dass das projektierte Bauwerk auch ästhetisch nicht jedermanns Sache war, fürchtete man vor allem die gefährliche Nähe im Fall eines Krieges – der letzte war ja noch kaum zwanzig Jahre her, der verheerende Luftangriff 1944 nicht vergessen – oder auch bei einem Unfall, eine Verseuchung durch austretendes Gas oder Geruchsbelästigungen schienen ebenfalls nicht unplausibel. Die meisten der Bedenken waren nicht völlig von der Hand zu weisen, doch die Proteste und Eingaben fruchteten nicht, der Bau der Gaskugel wurde durchgesetzt. Im Oktober 1964 erfolgte die sogenannte »Äquatortaufe« durch den damaligen Oberbürgermeister, im Jahr darauf ging sie in Betrieb.

GAS FÜR FREIBURG Die erste Gasversorgung Freiburgs war da schon über hundert Jahre alt, um 1850 war der Stoff erstmals verwendet worden, um die Beleuchtung zu verbessern. Die Entwicklung schritt rasch voran, neue Gaswerke entstanden, der Bedarf wurde immer größer, schließlich erfolgte in der Nachkriegszeit die Umstellung auf Ferngas. Für dessen zwischenzeitliche Speicherung mussten jedoch große Behälter bereitgehalten werden. Dies galt natürlich auch für Freiburg – und so entstand der Plan für die Gaskugel in Betzenhausen. Die runde Form galt dabei als besonders effizient, man sparte an Oberfläche. Über insgesamt 20 000 Kubikmeter Hohlraum verfügt die Betzenhausener Kugel und kann damit 120 000 Kubikmeter Gas aufnehmen, ihre Wände sind 3 Zentimeter dick, ihre Oberfläche beträgt 3580 Quadratmeter bei gut 40 Metern Höhe. Kein Wunder also, dass sie nicht zu übersehen ist. Ihre Aufgabe ist es, Schwankungen im Verbrauch auszugleichen, die Bevorratung dient folglich dazu, während der Zeiten am Tag, da besonders viel Gas genutzt wird, die Stabilität der Versorgung zu garantieren; für eine Dauerspeicherung auf Vorrat ist die Kugel zu klein, jeweils nachts musste sie wieder neu aufgefüllt werden. Inzwischen hatte man sich an den Anblick gewöhnt, im Gegenteil, die Gaskugel war sogar zur weit

Eine Windrose ziert die Außenhülle.

sichtbaren Landmarke und sogar für viele zum Wahrzeichen der westlichen Stadtteile Freiburgs geworden. Der eintretende Schock war nun ganz anderer Natur: Die Betreiberfirma kündigte an, dass die Kugel zwar weiterhin in einem Topzustand sei, aber dank neuer Verfahren nicht mehr gebraucht und darum 2019 stillgelegt werde.

UNGEWISSE ZUKUNFT Die Gebäude auf dem Gelände waren zwar weiterhin in Betrieb, aber die Kugel war damit nutzlos, ein Abriss die beste Option. Nun regte sich der umgekehrte Widerstand: Die Betzenhausener und viele andere Freiburger wünschten sich den Erhalt des charakteristischen Bauwerks. Dessen Kugelform war natürlich ein Hingucker, insbesondere, seitdem in den 1980er-Jahren eine Künstlerin die Außenwände mit einer Windrose verziert hatte. Gleichwohl stellte sich die Frage, wie solch ein doch sehr zweckgebundenes Gebäude sinnvoll genutzt werden konnte. Vorerst jedoch wurde der drohende Abriss abgewendet, das Denkmalamt schritt ein und stellte die Kugel im Dezember 2019 unter seinen Schutz: »Der Hochdruck-Kugelgasbehälter hat Zeugniswert für die Geschichte der Gasversorgung der Stadt Freiburg und allgemein für die Gasversorgung der 1960er-Jahre — vielerorts haben die nicht mehr zeitgemäßen Hochdruck-Kugelgasbehälter ausgedient und werden bereits deutschlandweit abgebrochen. Das öffentliche Erhaltungsinteresse besteht zudem wegen seiner Originalität und Integrität, die sich in der guten Überlieferung des ursprünglichen Baubestandes zeigt, der im Laufe der Jahrzehnte sorgfältig instandgehalten wurde, ohne das ursprüngliche konstruktive und formale Konzept zu beeinträchtigen. Formalen Anspruch zeigt der Kugelgasbehälter nicht zuletzt durch die V-förmigen Doppelstützen.« Initiativen und Bürgervereine waren erleichtert, nun setzte man sich zusammen und versuchte, zukünftige Nutzungskonzepte zu erarbeiten, um die Stadt und den an sich auch bereitwilligen Noch-Betreiber von ihren Ideen zu überzeugen. Die einst heftig kritisierte Lage könnte sich nun als Vorteil erweisen, als kleines Erholungsgebiet zwischen Betzenhausen und dem neu geplanten Stadtteil Dietenbach, der Nachteil ist weiterhin die schwer umzuwidmende Form des fensterlosen Kugelgebildes. Eine gleichzeitig sinnvolle, aber auch finanzierbare Lösung für die öffentlich Nutzung zu finden, erweist sich als reichlich schwierige Aufgabe. Und so lange bleibt und steht die Gaskugel leer.

Das besondere Erlebnis

Der Flückigersee, dessen Ursprung und Name auf das gleichnamige Kieswerk zurückgeht, gehört zu den innerstädtischen Naherholungsgebieten der Freiburger. Das Gewässer in Betzenhausen war Teil der Landesgartenschau, fiel jedoch kurz nach der Jahrtausendwende durch einen erhöhten und über den erlaubten Grenzwerten liegenden Phosphorgehalt auf. Da sich anfangs verdächtigte natürliche Quellen als Verursacher nicht bestätigten, kam eine andere Erklärung auf. Der See wurde in der unmittelbaren Nachkriegszeit teilweise mit den Trümmern durch den Luftangriff zerstörter Stadtteile aufgefüllt, es existierte sogar eine kleine Bahnlinie, der »Trümmer-« oder »Schuttexpress«. Aus den Überresten diffundierten nun wohl über das Grundwasser Bestandteile der vergrabenen Phosphormunition. Mittlerweile plagt den See aber eine ganz andere unverhoffte Überbelastung: Hier »entsorgte« Haustiere, namentlich Schildkröten, haben sich zum ernsthaften Problem entwickelt, sie fühlen sich dort ähnlich wohl wie die menschlichen Freiburger.

Früher gefürchtet, jetzt geliebt –
aber was bringt die Zukunft?

21

DAS PHANTOM VON LEHEN

Joß Fritz und der Bundschuh

Joß Fritz war ein Handlungsreisender in Sachen Aufstand: 1513 versuchte er sein Glück in Lehen, doch die Rebellion wurde verraten. Zahlreiche Opfer gab es trotzdem.

Stadtteil Lehen **Ort** Bundschuhplatz, 79110 Freiburg im Breisgau
GPS 48.017252, 7.802300 **Anfahrt** Bus 19, 31, 32, Haltestelle Kirchbergstraße; Straßenbahn 1, Haltestelle Paduaallee

Alte Grabmale bei der Pfarrkirche von Lehen

Sind in Lehen überall präsent: Joß Fritz und der Bundschuh

HELD ODER HETZER? Die Freiburger Stadtoberen nannten ihn »dießen schalkhaftigen unglucksstifter« und noch der berühmte Historiker Heinrich Schreiber strafte ihn zu Beginn des 19. Jahrhunderts als »den schändlichen Verführer« ab. Für andere war er dagegen einer der »Kometen des Bauernkriegs«, der »rätselhaftesten Figuren der Weltgeschichte«, ein »Revolutionsheld« oder »eine Art Ché Guevara des Mittelalters«. Die Urteile gehen also weit auseinander über jemanden, von dem ohnehin nicht allzu viel bekannt ist: Joß Fritz, geboren um 1470 in Untergrombach bei Bruchsal, damals Fürstbistum Speyer. Aber seine wenigen Auftritte auf der historischen Bühne hatten es in sich, bargen fast buchstäblich Sprengstoff. 1502 tauchte er erstmals aus dem Dunkel der Geschichte auf, als es in seiner unmittelbaren Heimat zu Unruhen kam, ein Bundschuh entstand, wie man damals solche Bauernaufstände nannte, nach dem ersten Aufruhr 1493 im elsässischen Schlettstadt, mit dem die Fußbekleidung der einfachen Leute den einen zum Symbol, den anderen zum Schreckbild wurde. Im Hochstift Speyer und drumherum bildete sich ein Netzwerk, das einen Aufstand plante, um feudale Vorrechte und die Macht der geistlichen Herrscher zu brechen. Doch das Vorhaben flog auf, die Rebellion wurde im Keim erstickt, Joß Fritz, der zum Anführer auserkoren worden war, musste fliehen. Er verschwand notgedrungen wieder völlig von der Bildfläche. 1510 finden sich erneut Hinweise auf ihn: Er heiratete in Nenzingen nahe des Bodensees Else Schmid, mit der er kurz darauf nach Lehen bei Freiburg zog. Ob er noch verfolgt wurde, ist unklar, zumindest konnte er sich in dem kleinen Dorf nicht nur niederlassen, sondern als Bannwart, eine Art Feldaufseher, sogar in die Dienste des einen der beiden Ortsherren treten, Balthasar von Blumeneck. Dieser würde fortan einer seiner Hauptfeinde werden. Denn von Blumeneck war ein typischer verarmter Adeliger, der seine Schulden durch Auspressen seiner Untertanen wieder hereinzuholen versuchte.

AUFSTANDSPLANUNG Joß Fritz hatte sein Metier nicht verlernt. Er war offenkundig ein charismatischer Redner und gewiefter Netzwerker, wie man heute sagen würde. Nach und nach suchte er das Vertrauen unzufriedener Bewohner von Lehen und Betzenhausen, er versprach eine Rückkehr zur göttlichen Gerechtigkeit, zu den alten Rechten, zum Sturz der ganzen ausbeuterischen Adeligen und die Befreiung von übermäßigen Abgaben, Zehnten und Steuern, dazu die Abschaffung von Privilegien wie etwa der Jagd, des Fischens oder des Waldbesitzes nur für Blaublütige. Es waren typische Forderungen nicht nur der Bauern, sondern vieler einfacher Landbewohner, aber auch der dörflichen und städtischen Unterschichten, unterlegt mit religiösen Hoffnungen. Unter strenger Geheimhaltung bildete sich ein Kreis von Verschwörern heraus, dem unter Führung Joß Fritz' unter anderem auch der Lehener Pfarrer Johannes Schwarz und der Altvogt

Hans Enderlin angehörten. Die Fühler waren auch bereits in Nachbarorte ausgestreckt. Das Stichwort war der Bundschuh, jeder wusste, was damit gemeint war – und Joß Fritz hatte sogar seine Fahne aus dem Speyrer Aufstand herübergerettet, die nun neu bemalt werden sollte. Dies gelang nur unter Schwierigkeiten, doch am Ende zeigte sie unter anderem ein Kreuz mit Christus, Maria und dem heiligen Johannes, darunter ein knieender Bauer, daneben die Wappen des Papstes und des Kaisers, der einzigen Autoritäten, die man noch gelten lassen wollte. Und natürlich zeigte die Flagge den Bundschuh. Im September 1513 waren die Vorbereitungen so weit fortgeschritten, dass man sich heimlich auf der Hartmatte bei Lehen traf, um das weitere Vorgehen zu beraten. Auf der Kirchweih von Biengen bei Bad Krozingen sollte am 9. Oktober die Bundschuhfahne gezeigt und damit das Zeichen zum Aufstand gegeben werden. Man rechnete damit, dass sich immer mehr Menschen der Bewegung anschließen würden und man dann erste Städte – Endingen, Burkheim, Breisach – einnehmen könne, um am 11. November in Freiburg einzuziehen, wo ein Fanal im Inneren das Zeichen zum Aufstand geben sollte.

EIN »BITTERER TOD« Nichts davon würde geschehen. Bei einer Schlägerei in Biengen hatte ein Mitverschwörer einen Bauern getötet. Das hatte zwar nichts mit dem Bundschuh zu tun, doch um seinen Kopf zu retten, verriet der Mörder das gesamte Vorhaben an den Markgrafen zu Baden auf Burg Rötteln, der sofort die Freiburger warnte. Dort zögerte man nicht und ließ es sich angelegen sein, die Verschwörer mit aller Härte zu verfolgen. Die wiederum hatten von dem Verrat Wind bekommen und suchten bereits die Flucht, einige Hauptbeteiligte, darunter Joß Fritz, flohen in die Schweiz, wo man sich noch einmal traf, man hoffte bei den Eidgenossen auf solidarisches Verständnis, um dort die Grundlagen für einen nächsten Versuch zu schaffen. Doch der Arm Freiburgs war lang, wen die Stadtoberen nicht in der Umgebung ergreifen konnten, dessen Verfolgung gaben sie gleichwohl nicht auf, Schaffhausen, Basel und Straßburg wurden bearbeitet, die ergriffenen Bundschuhler auszuliefern oder gleich selbst hinzurichten. Dies geschah auch. Nur der nach Straßburg geflohene Pfarrer Schwarz entkam – in Schaffhausen, Basel und natürlich Freiburg wurden letztlich 13 Beteiligte gefoltert und hingerichtet, die Verfahren zogen sich bis 1514. Die Lehener und Betzenhauser durften fortan Freiburg nur noch ohne Waffen betreten. Zwar brach das Angriffsfanal, ein in der Stadt gelegtes Feuer, am 11. November tatsächlich aus, der erhoffte Aufstand jedoch nicht. Joß Fritz war gescheitert, zum zweiten Mal. Und er war zum zweiten Mal entkommen. 1517 unternahm er den nächsten Versuch eines Bundschuhaufstands, diesmal im Elsass und am Schwarzwaldrand. Wieder wurde er verraten, wieder entkam er. 1524 tauchte er ein allerletztes Mal auf, im Klettgau am Hochrhein. Dort war ein Bauernaufstand ausgebrochen. Erfolgreich. Joß Fritz, so hieß es, sei als alter Mann dabei gewesen.

Das besondere Erlebnis

Nicht in Lehen, sondern in der Wilhelmstraße, nahe des IGPP (siehe Kapitel 6) finden sich sowohl das Jos-Fritz-Café alias »dasJOS« als auch die Jos-Fritz-Buchhandlung. Beide zeichnen sich durch eine etwas andere als die übliche, aber für Freiburg natürlich nicht ganz untypische Atmosphäre aus, weshalb der dissidentische Name des Rebellen passend gewählt ist. Sowohl kulinarisch als auch intellektuell wird man dort bestens und vor allem außergewöhnlich versorgt.

Unauffälliges Symbol der Unterdrückung:
das Schloss in Lehen

Nur ein typischer moderner Schulbau?
Weit gefehlt!

22

DER FALL HEINER S.

Die Vigelius-Schule

»Spuk in der Schule« klingt nach einem Kinderbuch-Abenteuer, tatsächlich aber riefen die unheimlichen Vorgänge beim Bau der Vigelius-Schule einige Aufregung und langjährige Kontroversen hervor.

Stadtteil Haslach **Ort** Feldbergstr. 25a, 79115 Freiburg im Breisgau
GPS 47.987174, 7.820574 **Anfahrt** Bus 14, Haltestelle Belchenstraße;
Straßenbahn 5, Haltestelle Haslach Bad

DER HAKEN AN DER SACHE Am 11. März 1966 versammelte sich im Keller der Haslacher Vigelius-Schule eine ungewöhnliche Runde: Sie bestand aus mehreren Angehörigen einer Freiburger Elektrikerfirma und Professor Hans Bender mit einigen Mitarbeitern des Instituts für Grenzgebiete der Psychologie und Psychohygiene (IGPP, siehe Kapitel 6). Das Schulgebäude war noch im Bau, die Firma war beauftragt, unter anderem im genannten Keller eine Kabeltrasse zu verlegen, wofür an der Wand sogenannte Traversen, feste Haken, angeschraubt werden mussten. Allerdings erwiesen sich diese Haken als keineswegs so fest, wie das üblicherweise der Fall war: Immer wieder und in immer größerem Ausmaß lockerten sich die zuvor festgezurrten Schrauben, die Traversen saßen nicht mehr richtig, auch nachdem aufgrund mehrerer solcher Vorfälle ihre Anbringung und Festigkeit überprüft worden waren. Verantwortlich gemacht hierfür wurde der Lehrling Heiner S. Man beschuldigte ihn jedoch nicht der schlampigen Arbeit, sondern, nachdem ausgeschlossen worden war, dass er die Haken auf irgendeine Art mechanisch lockerte, der telekinetischen Einflussnahme – ohne die Schrauben zu berühren, aus dem Abstand von einigen Metern, schien er allein durch gedankliche Beeinflussung in der Lage, die Schrauben aus der Verankerung zu lösen. Sein Lehrherr, Gesellen und andere Mitarbeiter des Betriebs hatten dies beobachtet und es sich von ihm vorführen lassen. Schließlich luden sie Professor Bender und sein Team ein, die Vorgänge zu überprüfen. Einige der Haken im Keller wurden akribisch auf ihre Festigkeit geprüft, dann forderte die Runde Heiner S. auf, wie gewohnt vorzugehen, um eben jene Haken zu lockern. Es dauerte nur wenigen Minuten, bis diese soweit verändert waren, dass sie ihren festen Halt verloren und ein deutlicher Abstand zur Wand festgestellt werden konnte. Die Vorgänge wurden protokolliert, Fotos gemacht, die Schrauben und Haken zur technischen Untersuchung mitgenommen. Als man das Experiment am gleichen Ort noch einmal durchführte, diesmal zusätzlich im Beisein eines Physikers und einer Filmkamera, ergab sich dagegen nichts.

DER SCHERBENGEIST Nun war Heiner S. kein Unbekannter. Schon im Jahr zuvor hatte er in Bremen buchstäblich für Schlagzeilen gesorgt. Der 14-Jährige war dort ebenfalls in der Lehre gewesen, in einem Lebensmittel- und Geschirrladen, wo es immer wieder zu unerklärlichen Zerstörungen von Gläsern, Flaschen, Kannen und Porzellan kam. Dies geschah nur, wenn Heiner S. im Laden war, aber ohne, dass er diese Gegenstände berührt oder sich auch nur in ihrer Nähe befunden hätte. Selbst die herbeigerufene Polizei und Feuerwehr fand keinerlei Erklärung. Da der Schaden immer größer wurde, blieb den Inhabern nichts anderes übrig, als Heiner zu entlassen. Professor Bender wurde auch hier zurate gezogen, konnte aber nur noch die Schäden im Nachhinein begutachten. Die Presse titulierte Heiner S. als Bremer »Scherbengeist«, er wurde zu psychologischen Untersuchungen in verschiedene Kliniken eingewiesen. Unzweifelhaft war er ein schwieriger Charakter. S. war durchaus intelligent, hatte aber sozial schwere Defizite. Aufgewachsen war er als uneheliches Kind, großgezogen von der Oma, bis er zur Mutter zurück musste, die, in einer neuen Beziehung, wenig mit ihm anfangen konnte. So vernachlässigt, neigte Heiner S. zu Aufschneidereien, er »konfabulierte«, d. h. fantasierte sich in Geschichten, um Aufmerksamkeit zu erregen, manipulierte seine Umgebung, war latent aggressiv. Nun waren das einerseits Voraussetzungen für Betrügereien – deren sich Heiner S. auch

Spuk an der Vigelius-Schule: Übersinnliches oder Übertölpelung?

immer wieder schuldig machte – aber in der parapsychologischen Theorie auch für die beobachteten Zerstörungen, die sich als psychokinetische Vorgänge deuten ließen, um die inneren Aggressionen loszuwerden. Auch in den Kliniken kam es zu ähnlichen Vorfällen und schlussendlich wurde Heiner S. in Freiburg, wohin er auf Veranlassung Hans Benders gekommen war, von seinem Arbeitgeber wiederum entlassen, nachdem zahlreiche Neonlampen zu Bruch gegangen waren. Die Versuche und Experimente, die Bender im IGPP mit ihm durchführte, kamen zu keinem schlüssigen Ergebnis. Heiners Pflegeeltern baten darum, diese zu beenden, dann verlor sich vorerst seine Spur.

EIN NACHSPIEL Bis er 1978 auf spektakuläre Weise wieder auftauchte. Öffentlichkeitswirksam legte er ein langes Geständnis

darüber ab, wie er die zahlreichen Vorfälle in Bremen und Freiburg fingiert und damit insbesondere Professor Bender genarrt habe. Die Presse stieg darauf ein und druckte nicht wenige Titel über den vermeintlich cleveren Burschen, der die Fachleute, aber auch Polizei und Feuerwehr so hinters Licht geführt hatte. Gewicht gewannen diese Aussagen dadurch, dass sie Heiner von einem hohen Bremer Kriminalbeamten entlockt worden waren. Doch dieser war keineswegs ein neutraler Aufklärer, sondern ein langjähriger Gegner jeglicher parapsychologischer Forschung. Tatsächlich war aber selbst für einen Laien beim Lesen der Presseberichte schnell klar, dass die angeblich von Heiner angewandten Tricks oft technisch gar nicht durchführbar waren; auch hielten zahlreiche andere Behauptungen, etwa Orte und Daten betreffend, der Überprüfung nicht stand. Heiner S. hatte wohl wieder einmal Aufmerksamkeit gesucht und seiner Fantasie Lauf gelassen, um der Sensation Willen wurde dies unkritisch weiterverbreitet. Es bleibt also offen, was einst in Bremen und Freiburg geschah, Spuk oder Betrug? Angst müssen besorgte Eltern jedoch nicht haben: In der Vigelius-Schule kam es nie mehr zu unheimlichen Vorfällen im Keller.

Das besondere Erlebnis

Nach der Eingemeindung des Dorfes Haslach in die Stadt Freiburg 1890 diente der Vorort immer wieder als Experimentierfläche für neue Wohnformen. So entstand kurz vor dem Ersten Weltkrieg die Gartenstadt, die direkte Umgebung der Vigelius-Schule, geprägt durch viele Grünflächen. Die Laubenkolonie nahe der Bahnlinie war ein Projekt in der Endphase der Weimarer Republik, charakterisiert durch die Waschhäuschen in den Innenhöfen. Sie ist aber nur noch teilweise erhalten. Gänzlich verschwunden ist dagegen die sogenannte ECA-Siedlung. Diese Wohnblöcke wurden kurz nach dem Zweiten Weltkrieg mithilfe amerikanischer Gelder hochgezogen, um die akute Wohnungsnot zu bekämpfen, ihre Bausubstanz war auf Dauer nicht die beste – ab 2016 wurde die ECA-Siedlung in Haslach beseitigt und durch moderne Neubauten ersetzt.

23

ENDSTATIONEN

Bahnhöfe an der Rheintalbahn

Den Hauptbahnhof kennen alle – zwar hat er nichts mehr mit seinen Vorgängern gemein, aber immerhin gibt es ihn noch. Noch übler nämlich erging es den Kollegen der beiden Güterbahnhöfe und des Postbahnhofs.

Stadtteil Brühl **Ort** Paul-Ehrlich-Str. 7, 79106 Freiburg im Breisgau **GPS** 48.013173, 7.844487 **Anfahrt** Bus 23, Haltestelle Kaiserstuhlstraße Mitte; Straßenbahn 2, Haltestelle Rennweg

Stadtteil Wiehre **Ort** Heinrich-von-Stephan-Straße 13, 79100 Freiburg im Breisgau **GPS** 47.988319, 7.835369 **Anfahrt** Bus 11, Haltestelle Heinrich-von-Stephan-Straße; Straßenbahn 3, Haltestelle Heinrich-von-Stephan-Straße

Selbst nur noch ein Relikt: die einstige Gaststätte zum Südbahnhof

Sieht wieder gut aus: die Güterhalle im Norden

PROBLEM FREIBURG Die erste deutsche Eisenbahn, der berühmte »Adler«, der sich 1835 auf den kurzen Weg von Nürnberg nach Fürth machte, war bekanntlich eine private Initiative, da der bayerische König Ludwig I. von der Idee nicht überzeugt war – was er bald bereute. In Baden war es ähnlich, auch hier gab es bereits früh Stimmen, die auf das neue Verkehrsmittel setzten, während der Großherzog skeptisch blieb. Als jedoch auf der westlichen Rheinseite zwischen Strasbourg und Basel eine Konkurrenzbahn drohte, wurde 1839 schnell gehandelt und der Bau einer staatlichen Strecke durch das Rheintal von Mannheim bis Konstanz beschlossen. Die Umsetzung erfolgte vergleichsweise zügig, wobei sich allerdings bald Probleme auftaten. Eines war hausgemacht: Aus irgendwelchen Gründen hatte man beschlossen, eine größere Spurweite zu wählen als in den Nachbarstaaten üblich, was später zur Revision und Umbau zwang, als sich das Netz enger schloss und man Verbindung zu den Bahnen der Anrainerländer suchte. Ein zweites Hindernis trat auf, als sich der Gleisbau Freiburg näherte. In Karlsruhe stellte man plötzlich überrascht fest, dass »Freiburg 172 Fuß höher liegt als das Dorf Lehen und 30 Fuß höher als der Münsterplatz von Basel«. Es wurde ernsthaft überlegt, ob der Hauptbahnhof nicht außerhalb der Stadt, sogar noch westlich von Lehen platziert werden sollte; eine Idee, die sogar später immer mal wieder neu aufgegriffen wurde. Letztlich aber war Freiburg dann doch zu wichtig, um dessen Anschluss so weitab vom Zentrum zu legen. Am 1. August 1845 traf dann der erste Zug aus dem Norden in Freiburg ein. Das stattliche Bahnhofsgebäude verfügte über einen fürstlich ausgestatteten Extrawarteraum für blaublütige Fahrgäste, einen Hof mit Brunnen und ein Uhrtürmchen. Beim

Luftangriff im November 1944 wurde das Ensemble fast völlig zerstört, nur wenige Reste konnten in das rasch wiederhergestellte, eher nüchtern funktionale Nachkriegsgebäude integriert werden, das schließlich bis 2001 durch den noch vorhandenen Neubau komplett ersetzt wurde. Vom allerersten Freiburger Bahnhof existieren somit heute nur noch zwei Remisen auf der Nordostseite an Gleis 8.

DER GÜTERBAHNHOF Naturgemäß war Freiburg als Bahnknotenpunkt auch ein wichtiger Umschlagplatz für Güter. In den Anfängen wurden Verladung und Rangieren auf dem Gelände des Hauptbahnhofes miterledigt, doch war bald klar, dass diese Lösung nicht mehr ausreichen würde. Eine Erweiterung sollte stattfinden, die sich im Süden des Areals Richtung Stühlinger ausgebreitet hätte – was die dortigen Bewohner verständlicherweise zu Protesten bewegte, die letztlich auch Erfolg hatten. Stattdessen wurde nun ein Gebiet westlich von Herdern ins Auge gefasst, noch unbebaut am Stadtrand und somit ohne lärmbelästigte Anwohnerschaft. Das gesamte Vorhaben wurde in den Jahren 1901 bis 1905 recht flott umge-

Frisch renoviert mit neuen Aufgaben: die Güterhalle ...

setzt, hier konnte sogar der alte Plan, die höher gelegene Innenstadt zu vermeiden, berücksichtigt werden: Der Güterbahnhof Nord, so die (heutige) Bezeichnung, erhielt seine eigene Streckenführung, die in Gundelfingen von der Rheintalbahn abzweigt und hinter St. Georgen dort wieder einbiegt. Großzügige Bauten entstanden im wilhelminischen, sehr repräsentativen Backsteinstil, drumherum bildete sich in der Folge ein neuer Stadtteil: Brühl. War man in den 1980er-Jahren noch ganz begeistert von der Innovation der »Rollenden Landstraße«, dem Wechsel von Lkw auf Güterzüge, die bis nach Italien fuhren, so erwies sich diese Idee als eine Art Menetekel. Denn sie ist, Ironie der Geschichte, als einzige größere Aufgabe des Güterbahnhofs geblieben. Ansonsten wurde er nach und nach stillgelegt, größtenteils abgerissen und befindet sich derzeit im Stadium des Umbaus zu einem gemischten Wohn- und Gewerbeviertel. Einige der Ursprungsbauten konnten trotz teils bereits beschlossener Abbruchgenehmigungen gerettet werden, etwa die schon 1983 aufgegebene Lokhalle, das dominierende Zollhofgebäude und die daran anschließende Güterhalle. So manches ist bereits verschwunden, anderes

... und das imposante Zollhofgebäude aus der Zeit der Jahrhundertwende

An mancher Stelle ist das Alter des Zollhofes noch gut sichtbar …

noch auf den zweiten Blick als Bahnüberbleibsel erkennbar, nicht alles in schönstem Zustand.

DIE POST GEHT UNS AB Auf eine hübsche Nachnutzung, wie sie zum Beispiel der Kantine des Güterbahnhofs als Restaurant gelungen ist, hoffte der Postbahnhof vergebens. Kenner wissen, wo eine Heinrich-von-Stephan-Straße existiert, da muss es in der Nähe auch ein Postgebäude geben. Der ehemalige kaiserliche Postminister und »Erfinder« der Postkarte dient oft als Patron für die Wege zu diesem – und so war es auch in Freiburg. 1935 bekam die Stadt ihren eigenen Postbahnhof, zu dem die erwähnte Straße führen sollte. Direkt an die Rheintalbahn angebaut, waren auch für den Postbahnhof die 1980er-Jahre entscheidend. Und selbst hier schlug die böse Ironie wieder zu. Die Post hatte sich dazu entschlossen, das alte Gebäude komplett abzureißen und durch einen modernen Neubau zu ersetzen. In jenen Tagen gingen unter anderem an die 40 000 Pakete und 25 000 Päckchen durch die Hände der Postmitarbeiter an der Heinrich-von-Stephan-Straße – und zwar täglich. Das staatliche Unternehmen ließ sich nicht lumpen: Ein renommierter Architekt wurde beauftragt, das Gebäude sollte besonders arbeitnehmerfreundlich werden. Tatsächlich erhielt der Bau nach der Fertigstellung 1984 sogar Preise, die Kosten von 9 Millionen D-Mark waren scheinbar gut investiert, der Postbahnhof nicht nur eine rein funktionale Arbeitshalle. Kurios, dass die Post selbst ihn

... ebenso wie einige im Boden belassene Relikte der Gleisanlagen.

überflüssig werden ließ – und das schon nach zehn Jahren. 1994 wurde in Lahr ein neues Verteilungszentrum gebaut – für Lkw. 1997 wurde die Verteilung der Post durch die Bahn komplett eingestellt, bundesweit. Das Ende der Postbahnhöfe war gekommen. Nur schwer fanden sich neue Nutzungsmöglichkeiten für die stark auf einen bestimmten Zweck ausgerichteten Hallen. Das galt auch für Freiburg: Zwar gab es einige Zwischenlösungen, 2012 jedoch wurde das nicht einmal 30 Jahre alte Gebäude vollständig abgerissen. Und es gibt eine weitere Parallele zum Güterbahnhof: Seitdem entstehen dort moderne Nachfolger, hauptsächlich Gewerbe- und Geschäftsbauten. Heinrich von Stephan als Namensgeber ist geblieben, nur ohne Post-Moderne.

Das besondere Erlebnis

An den 2005 endgültig zugunsten des Haslacher Recyclinghofs verschwundenen Güter-Südbahnhof erinnert heute nur noch ein Gebäude – und dies eher indirekt. Das ehemalige »Gasthaus zum Südbahnhof« in der Bettackerstraße entstand um 1900 in einer Art Mischung aus Jugend- und Heimatstil. Zwar überstand es beide Weltkriege, doch diente es nur noch zeitweise als Restaurant, anschließend wurde es in Wohnungen und Künstlerateliers umgewandelt. Der gleichwohl noch immer – trotz des Verlustes seines Turmdaches und diverser Anbauten – auffällige Bau ist heute wieder zu seinen gastronomischen Wurzeln im weitesten Sinn zurückgekehrt: Er beherbergt eine Shisha-Bar.

Drei Kapellen in einer erinnern auf dem Lorettoberg an die Schlacht.

24

GEMETZEL IM HOCHSOMMER

Der Lorettoberg

Im an blutigen Schlachten wahrlich nicht armen Dreißigjährigen Krieg fand eine der blutigsten Auseinandersetzungen direkt vor den Toren Freiburgs statt. 1644 stießen dort Bayern und Franzosen aufeinander.

Stadtteil Wiehre **Ort** Kapellenweg 1, 79100 Freiburg im Breisgau **GPS** 47.981414, 7.838588
Anfahrt Bus 11 und 21, Haltestelle Heinrich-von-Stephan-Straße; Straßenbahn 3, Haltestelle Weddigenstraße oder 2, Haltestelle Lorettostraße

GROSSE GEGNER Jan von Werth gilt als einer der hervorragendsten Reitergenerale des Dreißigjährigen Krieges, aber auch als wenig zimperlicher Haudegen, der fast die gesamte Dauer der Auseinandersetzung in unzähligen Schlachten mitgemacht und sich einen berüchtigten Ruf als »Franzosenschreck« erarbeitet hatte. Man darf seinem Wort als »Fachmann« also durchaus Glauben schenken, wenn er zu den Kämpfen vor Freiburg im August 1644 bemerkte, er »habe niemalen so blutigem Treffen beigewohnt«. Dabei schien 1635 bereits alles vorbei zu sein, im Prager Frieden lösten der Kaiser und seine Gegner ihre Bündnisse auf. Wäre das das Ende der Auseinandersetzungen gewesen, stünde in den Geschichtsbüchern heute etwas vom Siebzehnjährigen Krieg. Doch da stieg Frankreich offen in die Auseinandersetzung ein, Habsburg schien ihm noch nicht geschwächt genug. Mit dem Söldnerführer Bernhard von Weimar fand man schnell einen erfahrenen Kriegsmann, der vorerst die schmutzige Arbeit übernahm. 1638 eroberte er das österreichische Oberrheingebiet und setzte sich in Freiburg fest. Doch starb er bereits im folgenden Jahr, nun fielen seine Erwerbungen direkt an Frankreich. Im Breisgau blieb es für einige Jahre relativ ruhig. 1643 entschlossen sich die Franzosen, einen Vorstoß nach Bayern zu unternehmen, dem gefährlichsten Gegner neben Habsburg, denn das Kurfürstentum besaß die größte noch verbliebene Armee im Reich, die Reichsarmada unter General Franz von Mercy. Doch das Vorhaben wird zum Debakel, Mercy schlug die Franzosen bei Tuttlingen vernichtend. Die Dynamik änderte sich, nun bewegte sich die 20 000 Mann starke Reichsarmada in Richtung Breisgau – Ziel: Freiburg. Paris reagierte und schickte eines seiner jungen Soldatentalente über den Rhein, den Vicomte de Turenne, Befehlshaber der Armée d'Allemagne, die allerdings nur 10 000 Soldaten zählte. Zu wenig, um den Bayern Paroli zu bieten, die seit Juni 1644 Freiburg belagerten. Turenne zog sich in den Süden bei Bad Krozingen zurück, um auf Hilfe aus Frankreich zu warten, von dort rückte in Eilmärschen der Duc d'Enghien vor, besser bekannt als der »große Condé«, seine Armée de France umfasste ebenfalls an die 10 000 Mann.

EIN GESCHEITERTER PLAN Als Condé eintraf, war Freiburg gefallen und in bayerischen Händen. Mercy hatte die Befestigungen der Stadt ausbessern und vor allem im Westen und Süden weitere Schanzanlagen anlegen lassen, wo sich nun die beiden französischen Armeen vereinten. Condé und Turenne vereinbarten einen gewagten, aber doch aussichtsreichen Plan: Während Condé, der den Oberbefehl übernahm, links mit seiner Armee auf den, wie man festgestellt hatte, nur schwach besetzten Bohl an

Das ältere der beiden Denkmale …

der Südwestseite des Schönbergs vorging, drang Turenne in das Hexental im Osten ein. Durch diesen Zangenangriff würde man schließlich hinter dem Lager der Bayern bei St. Georgen zusammentreffen und den Feind so einschließen. Am 3. August wurde der Angriffsbefehl gegeben, beide Truppenteile marschierten los. Doch Mercy war ein gewiefter Gegner, er hatte die gegnerischen Bewegungen beobachten lassen. Als Condé am Schönberg eintraf, musste er feststellen, dass dieser wesentlich besser befestigt und vor allem stärker besetzt war. Er ließ seine Soldaten gegen die verschanzten Bayern anrennen, die erste Welle wurde zurückgeschlagen, die zweite auch, erst als er in der dritten alles in den Kampf warf, fielen die ersten Schanzen, doch nun war es schon spät, die Nacht begann, Condé ließ den Angriff abbrechen, die endgültige Einnahme sollte am nächsten Tag erfolgen. Turennes Truppe war da immer noch unter Beschuss, man kam kaum voran im Hexental und stieß dann auf heftige Gegenwehr, erst in den Morgenstunden flauten die Kämpfe ab. Der große Plan der Einkesselung war dahin.

KAMPF UM DEN SCHLIERBERG Zudem folgte ein böses Erwachen. Als Condé am nächsten Morgen den Angriff fortsetzen wollte, war der Feind verschwunden. Mercy hatte in der Nacht heimlich, still und leise den Schönberg geräumt. Nun saß er auf dem gut befestigten Schlierberg. Die Franzosen mussten erneut umdenken, denn es galt nun, Mercy von dem Hügel zu werfen; wieder sollte dies in einer Doppelbewegung gelingen. Während Condé im Norden nur Scheinangriffe auf den Berg unternahm, sollte Turenne im Südwesten an der Wonnhalde vorstoßen. Am Vormittag des 5. August ging es los. Doch Turenne verzettelte sich, seine Angriffe wurden abgeschlagen. Es folgte Plan B: Massiver Angriff im Norden auf das Plateau, wo sich Mercy verschanzt hatte. Am Nachmittag begannen die Angriffswellen Condés loszurollen; eine gnadenlos geführte Abwehrschlacht, in der es mehrfach gewissermaßen buchstäblich auf des Messers Schneide stand. Alles, was an Personal und Reserven vorhanden war, wurde ins Gefecht geworfen, die Kavalleristen mussten absteigen; als nicht mehr genug Zeit zum Nachladen der Gewehre blieb, kämpfte man im Handgemenge Mann gegen Mann. Obwohl der Sieg schon greifbar schien, sah Condé letztlich die Sinnlosigkeit weiteren Anstürmens ein und befahl den Rückzug. Die französischen Verluste waren enorm, gut 5000 bis 6000 Soldaten blieben auf dem Feld oder wurden schwer verwundet. Die Bayern zählten »nur« an die 1500 Ausfälle, waren aber trotzdem nicht mehr in der Lage, den abziehenden Feind zu verfolgen und endgültig

... und das jüngere, die auf die mittelalterlichen Steinbrüche hinweisen.

Auch jüngere Zeiten haben ihre Spuren auf dem Lorettoberg hinterlassen.

niederzumachen. Im Nachhinein sah sich jeder als Sieger, Freiburg blieb in kaiserlicher Hand, Condé und Turenne hatten schwere Verluste erlitten, wurden aber nicht entscheidend geschlagen. Das Kampfgeschehen verlagerte sich nach Nordbaden. Auf dem heftig umkämpften Plateau des Schlierbergs entstanden aus Dankbarkeit für die aus habsburgisch-bayerischer Sicht erfolgreiche Schlacht 1657 die drei Lorettokapellen, die der Anhöhe fortan ihren Namen gaben. Das heutige Idyll mit den Kirchlein, der Gaststätte und dem Hildaturm steht auf äußerst blutgetränktem Boden.

Das besondere Erlebnis

In regelmäßigen Abständen – und erfolgreicher – setzte Frankreich in den folgenden Jahrzehnten immer wieder zur Eroberung Freiburgs an, so 1677, 1713 und genau 100 Jahre nach der Schlacht, 1744. Durch ein heftiges Kanonenbombardement von Süden her, das sich über Wochen hinzog, sollten die Stadt und die Festung zur Übergabe gezwungen werden. Der französische König höchstpersönlich, Ludwig XV., kam vorbei und bezog Stellung auf dem Lorettoberg. Vorher war mit den Verteidigern ausgehandelt worden, dass dieser deshalb nicht beschossen werden sollte – im Gegenzug verpflichtete man sich, das Münster zu verschonen. Der Pakt ging fast schief, als eine verirrte Kugel knapp über seiner königlichen Hoheit einschlug. Die Gemüter konnten zum Glück beruhigt werden, das Münster blieb unbeschadet, Freiburg fiel an die Franzosen. Die Kanonenkugel aber, die so böse Folgen hätte haben können, steckt noch immer über der Seitentür der Lorettokapelle gut sichtbar in der Wand.

25

HINRICHTUNG AUF DEM SPIELPLATZ

Der alte Friedhof in Wiehre

Es ist der wohl seltsamste Spielplatz der Stadt: Zwischen Kreuzen und Gräbern tummeln sich die Kinder an einem Ort, der während der badischen Revolution 1848/49 zur Hinrichtungsstätte wurde.

Stadtteil Wiehre **Ort** Ecke Erwinstraße-Dreikönigstraße, 79102 Freiburg im Breisgau **GPS** 47.985880, 7.857209 **Anfahrt** Bus 21, Haltestelle Lorettostraße; Straßenbahn 1, Haltestelle Brauerei Ganter

Die verbliebenen Grabmale entstammen überwiegend dem 19. Jahrhundert.

TOD AUF DEM FRIEDHOF Es ist der 31. Juli 1849, vier Uhr morgens auf dem Friedhof in der Wiehre. Eine Abteilung preußischer Infanteriesoldaten hat Aufstellung genommen, in der Umgebung achten berittene Husaren auf Ruhe und Ordnung. An der Friedhofsmauer steht Maximilian Dortu, 23 Jahre alt, dem nun sein Urteil noch einmal verlesen wird. Die Soldaten legen an, ein Trommelwirbel ertönt, trotzdem sind die letzten Worte ihres Opfers zu hören: »Ich sterbe für die Freiheit. Schießt gut, Brüder!« Das tun sie. Mehrfach tödlich getroffen sinkt Dortu zusammen, wird in einen mitgeführten Sarg gelegt und sofort an Ort und Stelle verscharrt. Noch am gleichen Tag können die Freiburger auf einem Aushang der preußischen Besatzungsmacht lesen, »daß der Angeschuldigte wegen Kriegsverraths, unter Degradation zum Gemeinen, Versetzung in die zweite Klasse des Soldatenstandes und dem Verluste der National-Kokarde, mit dem Tode durch Erschießen« bestraft wurde. Die Absicht der Botschaft war klar: Dies solle allen eine Lehre und eine Warnung sein. Allen, die einst mit den demokratischen Republikanern und Aufständischen in Baden sympathisiert oder sich auf deren Seite engagiert hatten. Und das waren in Freiburg nicht wenige. Doch die meisten waren längst geflohen, hielten sich versteckt, saßen bereits in den Gefängnissen oder hatten die Seiten gewechselt. Maximilian Dortu aber war am 7. Juli, nachdem preußische Truppen Freiburg kampflos besetzt hatten, festgenommen worden, die Umstände sind unklar, womöglich wurde er denunziert, vielleicht war er aber auch nur unvorsichtig.

KAMPF FÜR DIE REPUBLIK Dortu, geboren 1826, stammte aus einer hugenottischen Potsdamer Familie, sein Vater war Justizrat und Stadtverordneter mit liberalen Ideen, von denen sich auch sein Sohn überzeugt

Erinnert sehr an den Alten Friedhof (siehe Kapitel 1).

zeigte. Er diente sein Freiwilligenjahr in der preußischen Armee ab und wurde als Unteroffizier entlassen, ging dann zum Studieren nach Heidelberg, wo er verstärkt mit republikanischen Vordenkern in Kontakt kam. Als in Berlin die Märzrevolution ausbrach, kehrte er in seine Heimat zurück, arbeitete einerseits in preußischen Diensten gemäß seiner Ausbildung bei der Justiz, andererseits engagierte er sich als Redner und Autor für die Belange der Demokraten. Für das brutale Vorgehen der Regierung gegen die Aufständischen machte er vor allem den Prinzen Wilhelm, Bruder des Königs und als Wilhelm I. später erster Kaiser des Hohenzollernreiches, verantwortlich, den er in einem Text als »Kartätschenprinz« bezeichnete – ein Begriff, der sofort weite Verbreitung fand, den Prinzen erst einmal zur Flucht nach England zwang, aber für Dortu auch ein Verfahren wegen Majestätsbeleidigung und eine Gefängnisstrafe zur Folge hatte. Frühzeitig entlassen, zerstörte im November 1848 eine Truppe unter Anleitung Dortus in Potsdam Zug- und Telegrafenverbindungen, um so den Einmarsch von Truppen nach Berlin zumindest zu verzögern. Anschließend floh Dortu nach Paris, bis er sich schließlich im Mai 1849 den badischen Aufständischen anschloss, die den Großherzog vertrieben hatten und denen nun mehrere Armeen unter preußischer Führung entgegengeschickt wurden – ausgerechnet unter Oberbefehl des Kartätschenprinzen Wilhelm. Dortu organisierte den Widerstand im Murgtal bei Gernsbach, der jedoch den disziplinierten Truppen aus Preußen wenig entgegenzusetzen hatte. Wie die Reste der Freischärlerarmee und die Revolutionsregierung floh er nach Freiburg, wo nun alles auf eine letzte große Schlacht hinauszulaufen schien. Doch es kam anders, die Armee und die Regierung zerstoben, die Stadt wurde, wie erwähnt, am 7. Juli von den Preußen besetzt, Dortu festgenommen. Ein militärisches Standgericht verurteilte ihn zum Tode, kritische Gutachten wurden ignoriert, Gnadengesuche von Familien und Freunden abgelehnt. Zum Verhängnis wurde Dortu insbesondere seine nominelle Zugehörigkeit zur preußischen Armee, aber sicher auch seine Prominenz als Erfinder des Schmähwortes über den Prinzen Wilhelm, der die Revolutionäre generell abgrundtief verachtete.

Inzwischen wird das Grab Max Dortus geehrt und geschmückt.

DAS GRAB BEI DEN SCHAUKELN Die schnellen Standgerichte waren geprägt von Willkür. Da man zumeist der eigentlichen Anführer nicht habhaft wurde, griff man eben Personen heraus, an denen ein Exempel statuiert werden konnte. Tatsächlich wurden kurz nach Dortu auf dem Wiehre-Friedhof am 9. August der Kriegskommissar Friedrich Neff und am 21. August der einfache Soldat Gebhard Kromer erschossen und wie Dortu dort verscharrt. Die Hinrichtungen trugen nicht zur Beliebtheit der Besatzer bei. Dortus Grab, eigentlich nur an der frisch aufgewühlten Erde erkennbar, wurde angeblich bereits durch preußische Soldaten aus seiner Heimatstadt Potsdam mit einem Holzkreuz kenntlich gemacht. Urkundlich gesichert sind in jedem Fall die Bestrafungen mehrerer junger Frauen aus St. Georgen, die in den folgenden Wochen mehrmals trotz Verbotes Blumen auf dem Grab ablegten. Die Bitte der Eltern Dortus, auf dem Friedhof eine Grabstätte für ihren Sohn errichten zu dürfen, wurde zwar einerseits schnell genehmigt, die Aufstellung dann aber immer wieder behindert, bis die Mutter, inzwischen Witwe, der Stadt Freiburg einen Betrag vererbte, der einerseits die Pflege des Grabes bis in alle Ewigkeit, wie es hieß, garantieren sollte,

Der Wiehre-Friedhof: Sandspiele auf blutgetränktem Boden

eventuelle Überschüsse aus dem Fonds andererseits der Armenpflege zukommen ließ. So konnte um 1860 das neugotische Grabkapellchen errichtet werden, das anfangs nur nachlässig, später aber regelmäßig gepflegt und erneuert wurde; an mehreren Tagen des Jahres finden dort inzwischen regelmäßige Gedenkveranstaltungen statt. Es überstand auch die Auflösung des Friedhofes 1872 und die etwas kuriose Umwidmung in einen Spielplatz 1923. Zwar sind noch andere historische Grabdenkmäler und das alte Friedhofskreuz zwischen Rutschen und Sandkästen vorhanden, seiner eigentlichen Funktion dient jedoch nur noch das Mausoleum, in dem Maximilian Dortu und seine Eltern bestattet sind.

Das besondere Erlebnis

Eine der bedeutendsten Figuren der badischen Revolution von 1848/49, Gustav Struve (1805–1870), verbanden zwiespältige Erlebnisse mit Freiburg. Am 26. März 1848 war er noch überraschend als Redner vor gut 25 000 Menschen auf dem Münsterplatz stark umjubelt aufgetreten, gut ein Jahr später stand er im Basler Hof – dem heutigen Regierungspräsidium – vor einem Geschworenengericht unter Anklage des Hochverrates. Er hatte in Lörrach die Deutsche Republik ausgerufen – das Ereignis wurde als »Struve-Putsch« bekannt – und war im September 1848 im Schwarzwald festgenommen worden. Nun, im März des Folgejahres, wurde er gemeinsam mit seinem Sekretär Karl Blind zu später abgemilderten acht Jahren Festungshaft verurteilt. Im Zuge der Mai-Unruhen wurden die beiden Demokraten, inzwischen in Bruchsal inhaftiert, schließlich befreit. Zu dieser Zeit stand im Basler Hof ein weiterer republikanischer Unterstützer Struves vor Gericht: Wilhelm Liebknecht. Die Zeiten hatten sich geändert: Er wurde freigesprochen.

Jetzt ein Kulturzentrum: der alte Wiehrebahnhof

26

VERKEHRTE PLÄNE

Alte Höllentalbahn und ASS

Die Wiehre gehört zu den beliebtesten Wohngegenden Freiburgs. Ob das auch so wäre, wenn sich einige alte Verkehrsplanungen durchgesetzt hätten, deren Spuren noch immer sichtbar sind?

Stadtteil Wiehre **Ort** Urachstr. 40, 79102 Freiburg im Breisgau **GPS** 47.984955, 7.853500
Anfahrt Bus 21, Haltestelle Lorettostraße; Straßenbahn 2, Haltestelle Lorettostraße

GROSSE PLÄNE, TEIL I Der Express Paris–München–Wien sollte auch in Freiburg halten, das war die buchstäblich zugkräftige Idee, die manchen Planern und Stadtoberen vorschwebte, als in der zweiten Hälfte des 19. Jahrhunderts der Beschluss näher rückte, eine von der Rheintalbahn abzweigende Eisenbahnlinie via Höllental durch den Schwarzwald zu führen. Als diese Strecke, die vorerst vom Hauptbahnhof bis Neustadt reichte, im Mai 1887 – bei starkem Schneetreiben – endlich eröffnet wurde, war von diesen hochfliegenden Plänen erst einmal nichts geblieben, das schwierige Terrain mit der starken Steigung von Himmelreich nach Hinterzarten, die anfangs nur mit Zahnradbetrieb bewältigt werden konnte, und eine teils eingleisige Streckenführung waren für internationale Schnellzüge keine Option. Beliebt wurde die Höllentalbahn trotzdem, für Ausflügler in den Schwarzwald, aber auch als Vorortzug, der die östlichen Stadtteile anband, die mit Bahnhöfen in der Wiehre und in Littenweiler versorgt worden waren. Ersterer übernahm sogar die Funktion eines Ersatzhauptbahnhofs für die Strecke, bereits 1891 wurde er deutlich erweitert, neue Gleise kamen hinzu. Schon damals tauchten allerdings zugleich Bedenken auf, der innerstädtische Teil der Höllentalbahn sorgte für Probleme. Die Strecke musste die Rheintalbahn queren, zweigte anschließend bei der Freiaustraße über damals noch kaum bebautes Gelände ab, kreuzte die Basler Straße in die Wiehre und zog sich dann durch die Siedlung entlang der Urachstraße. All das ebenerdig. Das führte zu Komplikationen mit der Hauptlinie im Rheintal, der Straßenbahn nach Günterstal und natürlich an etlichen Straßenkreuzungen. Auch die Anwohner waren wohl nicht alle begeistert über das mehrmals täglich vorbeischnaufende Dampfross.

DEN BOGEN RAUS 1903 wurde schließlich ein »Projekt samt Kostenvoranschlag für die Verlegung der Höllenthalbahn im Stadtgebiet von Freiburg« in Auftrag gegeben. Es blieb sehr lange nur ein Projekt. Gutachten, Entwürfe und Sondierungen des Geländes

Die Baracken sind keine Provisorien geblieben, sondern schmucke kleine Wohnstätten.

häuften sich zwar an, doch erst zehn Jahre später, 1913, wurde das Vorhaben konkret. Kurz darauf begannen auch die ersten Bauarbeiten, aber die Zeit war schlecht gewählt. Der Erste Weltkrieg verhinderte die weitere Ausführung, ab 1916 geschah wiederum nichts mehr – und zwar für sehr lange Zeit. Die Nöte der Nachkriegszeit, Inflation und leere Kassen stoppten die Verlegung der Trasse bis Mitte der 1920er-Jahre, ab da begannen langsam wieder die Arbeiten. Die neue Streckenführung erforderte unter anderem zwei Bergdurchbrüche für den Lorettobergtunnel (514 m) und den Sternwaldtunnel (302 m), erster begeisterte die Geologen, die im Inneren die Verwerfung des Oberrheingrabens beobachten konnten (und dies dank eines eingebauten »Fensters« noch immer können). Der Wiehre-Bahnhof hatte ausgedient, es gab ein neues Pendant weiter im Süden, die ebenerdigen Querungen der Straßen und anderen Gleise wurden vermieden. 1934, nach über dreißig Jahren, konnte die Höllentalbahn ihre erste Fahrt auf der verlegten Strecke unternehmen.

Noch ein Beispiel für eine umgewidmete Baracke

Noch existierten auf (heutigem) Freiburger Stadtgebiet auch die beiden Haltepunkte Waldsee und Kappeler Tal, die – anders als die üblichen Bahnhöfe – nur mit kleinen Holzbauten versehen waren. Doch der Halt Waldsee wurde bereits 1924 wieder abgeschafft, Kappel verlor seinen Bahnhof 1979. Der größere Bogen, den die Höllentalbahn nun im Süden durch Freiburg zog, hatte zudem noch eine Kuriosität zur Folge: Die Strecke war dadurch logischerweise länger geworden, um ganze 1,5 Kilometer. Dies hätte nun einen Austausch der Kilometersteine bedeutet, ein nicht unerheblicher Aufwand, den sich die Bahn jedoch ersparte. Stattdessen zählte man ab einem bestimmten Punkt rückwärts, sodass die Höllentalbahn im Hauptbahnhof Freiburg mit –1,4 Kilometern beginnt.

GROSSE PLÄNE, TEIL II Durch die Wiehre zog sich nun ein freigewordenes breites unbebautes Band, das bald andere Gelüste weckte. Immerhin recht weitsichtig, gingen die Stadtplaner der 1930er-Jahre davon aus, dass sich der Straßenverkehr durch Automobile in der Zukunft weiter verstärken werde. Warum also nicht die vorhandene ehemalige Eisenbahntrasse nutzen, um hier die »Reichsstraße 31« als Autoschnellstraße ASS entlangzuführen? Der Krieg verhinderte die weitere Verfolgung dieser Pläne, die jedoch in der Nachkriegszeit recht schnell wieder aufgegriffen wurden. Ähnlich wie einst bei der Verlegung der Höllentalbahn, zogen sich allerdings die Vorschläge und Diskussionen hin, es ging vor allem um die verschiedenen Anschlussvarianten im Westen. Die prophezeite Zunahme des Autoverkehrs war natürlich längst eingetreten und machte ein Handeln notwendiger. Mit den 1960er-Jahren konkretisierte sich der neue alte Plan immer mehr, Gutachten und Entwürfe sahen eine noch immer ASS genannte Streckenführung

Drahtesel statt Dampfrösser sind heute am Bahnhof unterwegs.

mitten durch die Wiehre eben auf der alten Bahntrasse vor, heftiger Protest seitens der Stadtteilbewohner war die verständliche Folge, die allerdings die konservative Mehrheit im Stadtrat nicht anfocht. Sie setzte das Vorhaben 1963 durch. Gleichwohl geschah erst einmal wenig, es mussten erst Käufe und Enteignungen vorgenommen werden, neue Gutachten kamen ins Spiel, trotzdem sich also kaum etwas tat, blieb die ASS als ständige Drohung erhalten. Erst 1984, als die B31 weiter nördlich ausgebaut wurde, war die Schnellstraße vorbei am Alten Wiehrebahnhof vom Tisch. Stattdessen zieht sich dort heute ein grünes Band durch den Stadtteil, mit Spielplätzen und Spazierwegen, mitten darin als Erinnerung an die alte Höllentalbahn der frühere Bahnhof und ein Streckenwärterhäuschen. Aber auch die ASS hat ihre Spuren hinterlassen: Da das Gebiet freigehalten werden sollte, durften dort nur kleine Baracken als Wohnbauten errichtet werden. Einige von ihnen stehen noch immer, meist recht hübsch hergerichtet. Sie sind Dauerprovisorien geworden.

Das besondere Erlebnis

Der Alte Wiehrebahnhof ist nun schon seit Langem das kulturelle Mini-Zentrum des Stadtteils, hier gibt es in kleinem Format kompakt das gesamte Angebot für den guten und außergewöhnlichen Geschmack: ein kommunales Programmkino, eine Galerie, das Literaturbüro mit Lesungen und natürlich Kulinarisches vom Café bis zum Biergarten. Auf dem Vorplatz findet wöchentlich der beliebte Wiehremer Markt mit vielen regionalen Produkten statt; zudem wird das Areal regelmäßig für die nicht minder gut besuchten Flohmärkte genutzt.

27

MÖNCHE, GESPENSTER, HEILIGE

Rund um die Kartause

Nach der Auflösung der Kartause sind mehr und mehr ihrer Gebäude verschwunden, bis in jüngste Zeit drohte immer wieder der Abriss. Und im Klostergarten liegt noch immer ein gut bewachter Schatz.

Stadtteil Waldsee **Ort** Kartäuserstr. 119, 79104 Freiburg im Breisgau
GPS 47.994663, 7.883010 **Anfahrt** Bus 17, Haltestelle Sandfangweg; Straßenbahn 1, Haltestelle Emil-Gött-Straße

Hinter der Klostermauer erstreckt sich das weite Gelände der Kartause.

Verzierter Schuppen am Ufer der Dreisam nahe der Kartause.

STILLER NIEDERGANG Zum Schluss lief es einfach nicht mehr oder doch zumindest in die falsche Richtung. Regelrecht entsetzt äußerte sich 1782 der Abt von St. Peter im Schwarzwald nach einem Besuch in der Freiburger Kartause, der Prior – der Klostervorsteher – und seine Mönche traten »schon lang in Perücken und Weltpriesterkleidern« auf, der Kollege von den Benediktinern ahnte Schlimmes – und sollte Recht behalten. Denn nicht nur gaben sich die Kartäuser ungewohnt profan, innerhalb des Konvents herrschten Uneinigkeit, Zwist und eine gewisse Müdigkeit, was das Klosterleben anging. Der erwähnte Prior wollte unbedingt eine politische Rangerhöhung der Kartause erreichen, die Aufnahme in die Landstände, doch dieses Vorhaben kostete nicht nur Unmengen an Geld, sondern war auch höchst umstritten. Zurück blieb ein verschuldetes Kloster, bewohnt von nur noch acht Mitgliedern, die untereinander uneins waren und es an Disziplin fehlen ließen. Eine Steilvorlage für die österreichische Regierung unter dem Reformer Joseph II., der ohnehin vorhatte, »unnütze« Klöster, die sich nicht der Erziehung oder Krankenpflege widmeten, kurzerhand aufzulösen. Die verschuldeten und zerstrittenen Kartäuser lieferten ihm somit den besten Vorwand, bei ihnen anzufangen. Noch 1782 war es soweit: Die Kartause Freiburg wurde geschlossen. Den verbliebenen Mönchen wurde angeboten, in einen anderen Orden zu wechseln oder Weltpriester zu werden. Symptomatisch, aber nur noch wenig überraschend war, dass alle acht die letztere Option wählten. Die einst 1346 außerhalb der Stadt gegründete und im Spätmittelalter hochangesehene Kartause, die eng mit der Universität in Verbindung stand, gelehrte Humanisten zu ihren Mitgliedern zählte und Künstler wie Hans Baldung Grien für die Ausstattung gewinnen konnte, war nach gut 400 Jahren am Ende. Wie hatte das ausgerechnet dem strengsten aller Orden geschehen können, dessen Mönche ein abgeschlossenes Eremitendasein in Gemeinschaft führten, einsam und schweigend bis auf die gemeinsamen Gebete?

ABRISSE Plünderungen im Bauern- und dem Dreißigjährigen Krieg hatten der Kartause bereits Tiefschläge versetzt, von denen sie sich aber wieder halbwegs erholte. Um 1750 sah die Lage schon wieder viel besser aus, man errichtete vor den Klosterbauten ein stattliches, schlossartiges Prioratsgebäude – es war der letzte Glanzpunkt vor dem unrühmlichen Ende. Ironischerweise ist es heute das besterhaltene Erinnerungsstück an das eigentlich bescheidene, asketische Klosterleben. Grund war, dass der neue Besitzer, der Freiherr von Baden, der das Kloster durch Kauf erworben hatte, natürlich gerade diesen repräsentativen Bau als Wohnsitz wählte. Mit dem Rest konnte er eher weniger anfangen, die Kirche, den Garten und die Wirtschaftsgebäude ließ er stehen, aber das eigentliche Kloster gab er zum Abbruch frei. Die Ausstattung war ohnehin schon größtenteils verkauft worden, darunter die wertvollen Glasfenster nach den Entwürfen Hans Baldung Griens, die in diversen Museen oder komplett verschwanden. 1897 wurde in dem Barockbau ein Altersheim untergebracht, mit der Zeit verfiel noch das ein oder andere ungenutzte Gebäude im einstigen Klosterbezirk dem Abbruch. Als 2008 das Altenheim in die Nachbarschaft und einen modernen Bau verlegt wurde, stand auch die Weiterverwendung des Priorats in Frage. Eine internationale Schule übernahm schließlich diesen Teil des Klosters. Verblieben war zudem am unteren Ende des Hanges ein stattlicher, aber leider nicht mehr sehr ansehnlicher Ökonomiebau aus dem 18. Jahrhundert, der sich schon so weit zum Lost Place entwickelt hatte, dass ihn 2015 sogar der Denkmalschutz als unrettbar klassifizierte und zum Abriss freigab. Eine Bürgerinitiative wehrte sich – mit Erfolg. Die Schule übernahm auch dieses Gebäude und sanierte es vorbildlich.

Der heilige Vitus wacht am Maierhof des Klosters.

VERGÄNGLICHES GLÜCK An den vergrabenen Schatz zu kommen, der laut Überlieferung im Klostergarten liegt, ist leider ziemlich beschwerlich. Erstens darf das Gelände nur mit ausdrücklicher Erlaubnis der ansässigen Schule betreten werden. Zweitens muss man an einem Sonntag geboren sein.

Egal in welchem Zustand:
Am Dreisamufer sieht alles irgendwie idyllisch aus.

Drittens ist eine Begegnung mit dem um die Kartause herumstreifenden Geist erforderlich, der hier nach Erlösung sucht, nachdem er vor über 500 Jahren aufgrund finanzieller Unregelmäßigkeiten – er hatte seine Kunden übervorteilt – zum Spuken verurteilt wurde. Viertens gelingt die Hebung des Schatzes nur in der letzten Woche vor Weihnachten und nach Besuch einer Heiligen Messe mit Beichte und Kommunionempfang. Immerhin, die Belohnung ist verlockend: Der erlöste Geist verspricht drei Kisten Gold, eine soll an die Armen gehen, die beiden anderen aber darf der Finder behalten. Ein Mann aus Kappel soll »vor nicht allzu langer Zeit« tatsächlich diesen Versuch unternommen haben. Allerdings fand er niemand, der ihm beim Graben behilflich sein wollte – vielleicht klang seine Geschichte nicht gerade überzeugend – und so musste er das Vorha-

Ein verfallenes Wehr beim Sandfang

Was steckt hinter den vergitterten und vermauerten Fenstern?

ben aufgeben. Der Schatz ist also noch immer zu holen. Ans gute Geld dachte auch Andreas Fuchs, Wirt des Gasthauses »Sonne« in der Wiehre, der glaubte, von der Verlegung der Straße nach Freiburg profitieren zu können, die seinen Kollegen aus der »Krone« im Gegensatz zu ihm nun plötzlich vom Durchgangsverkehr abschnitt. Seine hämische Freude war so groß, dass er 1843 sogar die benachbarte Statue des Brückenheiligen Nepomuk auf seine Kosten renovieren und dies auf einer Inschrift auch noch prahlerisch verkünden ließ – »zum Angedenken der neuen Strasze und Verlegung des Baches«. Der Heilige war über diesen Missbrauch seiner Person offensichtlich nicht begeistert, 1849 ging der Sonnenwirt pleite. Die Nepomukstatue wanderte später ab, nun steht sie an der Kartäuserstraße und schützt die Dreisambrücke am Sandfang.

Das besondere Erlebnis

Wer mehr über das faszinierende Leben der Kartäuser erfahren will, der muss sich ins Allgäu begeben. Dort, in Marienau bei Bad Wurzach, existiert die einzige bestehende Kartause der Bundesrepublik. Allerdings leben die Mönche wie eh und je in Abgeschiedenheit, weshalb man noch ein paar Kilometer weiter über die bayerische Grenze fahren sollte; in Buxheim bei Memmingen ist die Anlage der einst bedeutenden Reichskartause als Museum eingerichtet und bietet Einblick in das stille Dasein des Ordens. Von Freiburg aus etwas näher ist die Kartause Ittingen im schweizerischen Thurgau, sie beherbergt ein historisches und ein Kunstmuseum, ein Hotel und Gastronomie. Man muss dort also keineswegs Askese üben.

Nicht alle Nebenbauten des Maierhofs sind restauriert.

Ist heute vor allem ein Pilgerzentrum für Ausflügler: St. Ottilien

28

EINE QUELLE DES ÜBERSINNLICHEN?

Das Waldheiligtum St. Ottilien

Um das beliebte Ausflugsziel ranken sich einige Legenden. Und niemand Geringeres als der Schriftsteller Karl May erlebte hier Abenteuer nicht in fernen, sondern mit jenseitigen Welten.

Stadtteil Waldsee **Ort** Kartäuserstr. 135, 79104 Freiburg im Breisgau **GPS** 48.003070, 7.899361 **Anfahrt** Bus 17, Haltestelle Sandfangweg; Straßenbahn 1, Haltestelle Römerhof

AUF DER FLUCHT Das Leben der jungen Odilia war von Anfang an bedroht – und zwar ausgerechnet von ihrem Vater. Dieser, Herzog Adalrich (es gibt verschiedene Schreibweisen seines Namens), war ein bedeutender Adliger im Elsass, der jedoch mit seiner um 660 geborenen Tochter nichts anzufangen wusste – war sie doch blind geboren. Seinem Befehl, das Kind zu töten, entzog sich die Mutter, die das Mädchen in ein burgundisches Kloster gab. Dort wurde sie später getauft, als Bischof Erhard von Regensburg auf der Durchreise war, aber nicht nur das: Durch die Taufe gewann Odilia auch ihr Augenlicht zurück. Nun wurde sie plötzlich für ihren Vater wieder interessant. Eine blinde Tochter hätte niemand geheiratet, aber das wieder sehende, noch dazu sehr hübsche Mädchen war wie gemacht für eine machtpolitisch kluge Hochzeit. Dummerweise sah Odilia das anders. Sie entwand sich dem Zugriff ihres Vaters und floh in Richtung Schwarzwald. Allein unterwegs, standen ihre Chancen zu entkommen denkbar schlecht und tatsächlich waren ihr der Vater und seine Häscher bald auf den Fersen. Vom Dreisamtal aus lief Odilia hoch in Richtung Roßkopf, wo sie ihr Vater endgültig einzuholen drohte. Da tat sich vor ihr der Felsen auf und Odilia verschwand hinter der Steinwand. Der verblüffte Herzog hörte noch die Stimme seiner Tochter aus dem Berg und erkannte nun, dass er einen Fehler gemacht hatte. Er bereute, Odilia entstieg dem sich wieder öffnenden Felsentor. Adalrich überließ seiner Tochter die Hohenburg im Elsass, wo das Kloster Odilienberg entstand, das seine Tochter bis zu ihrem Tod 720 als Äbtissin leitete. Am Ort ihrer Rettung sprudelte aus dem Felsen eine Quelle hervor, der heilende Wirkung nachgesagt wurde.

ODILIA IN ST. OTTILIEN? Odilia ist eine historische, urkundlich belegte Persönlichkeit, deren Leben allerdings reichlich legendenhaft ausgeschmückt wurde. Zu diesen späteren Zutaten gehört wohl auch ihre Flucht in die Freiburger Gegend, eine Geschichte, die erst Ende des 17. Jahrhunderts auftaucht. Wahrscheinlicher ist, dass das sehr alte Ottilienheiligtum, das erstmals Mitte des 15. Jahrhunderts erwähnt wird, aber auch deutlicher älter sein könnte, rückwirkend mit der Lebensgeschichte der beliebten Heiligen aus dem ja nicht allzu fernen Elsass in Verbindung gebracht wurde. Ausschlaggebend hierfür dürfte die Quelle gewesen sein, galt diese doch als besonders wirkkräftig bei Augenleiden. Und die ehemals blinde Herzogstochter war nun mal

Das genaue Alter des Ortes ist unbekannt.

St. Ottilien ist noch immer tief verborgen hoch oben im Wald.

zuständig für Krankheiten dieser Art, wie leicht an Bildnissen – in der Kapelle reichlich vorhanden – Odilias erkennbar ist, die für gewöhnlich ein aufgeschlagenes Buch in der Hand hält, auf dem zwei Augäpfel liegen. St. Ottilien im Musbachtal war in jedem Fall über die Jahrhunderte ein sehr beliebter Wallfahrtsort der Freiburger, 1503 stiftete ein reicher Patrizier der Stadt einen Kapellenneubau, der im Kern, 1505 vollendet, noch heute vorhanden ist. 1713 beschädigten die Franzosen das Gotteshaus stark, woraufhin es barock überarbeitet wurde. Vor allem hat man bei dieser Renovierung die Quelle als eigenen Anbau direkt an die Kirche angeschlossen. Wer St. Ottilien heute betritt, steht am Westende der Kapelle, während links eine unscheinbare Tür zur Grotte führt – zu dieser muss man hinabsteigen, die Quelle ist gefasst und von einem künstlichen Felsgebilde umgeben, in dem die Heilige kniet. Die neueren bunten Fenster machen diesen Raum zusätzlich zu einem außergewöhnlichen Erlebnis. Laut dem Willen erst der aufgeklärten österreichischen, dann der badischen Regierung sollte mit dem »überflüssigen« Kirchlein aber um 1800 Schluss sein, erst der anhaltende Protest der Bevölkerung und der Verweis auf die gut ausgestattete Ottilien-Stiftung zum Unterhalt verhinderten den mehrfach vorgesehenen Abbruch.

Eine alte Wegmarkierung in Richtung St. Ottilien

NACHRICHT VON DRÜBEN Zugegeben, es war nicht ausschließlich religiös motivierte Anhänglichkeit, aufgrund der die Freiburger so vehement für ihre Ottilienkapelle kämpften. Die spielte sicher eine große Rolle, aber zudem war das Waldheiligtum eben auch ein gern aufgesuchtes stadtnahes Erholungsziel, eine Tendenz, die sich im Lauf des 19. und erst recht des 20. Jahrhunderts noch verstärkte, auch mit den besseren Zugangsmöglichkeiten in den Tobel. Schon früher hatte es ein Bruderhaus bei der Kapelle gegeben, wo ein Eremit, später auch Ehepaare, die Mesnerdienste versahen, Kirche und Pilger versorgten. Später entstand hieraus eine florierende Gastwirtschaft, die nach einem Brand 1885 im Stil der Zeit wieder aufgebaut wurde. Das Ensemble aus Kapelle und Gasthaus – heute zudem mit Biergarten und Spielplatz – hoch oben im abgelegenen Wald war äußerst reizvoll und lockte allerlei illustre Gäste an. Zu diesen gehörte um die letzte Jahrhundertwende auch der Erfolgsschriftsteller Karl May, Schöpfer des Winnetou, Old Shatterhand und Kara Ben Nemsi. Er hatte Bekannte in Freiburg, das Verlegerehepaar Fehsenfeld, die er hin und wieder im Breisgau besuchte. 1899 machte man gemeinsam einen Ausflug nach St. Ottilien und suchte nach der Wanderung naturgemäß auch die Gastwirtschaft auf. Hier kam es

Das Ensemble schließt das Tal ab.

schließlich zu einem angeregten Gespräch über Spiritismus, also der Möglichkeit, mit Verstorbenen im Jenseits Kontakt aufzunehmen, ein Thema, das in jener Zeit sehr »en vogue« war. Mays Frau Emma war jedenfalls von der Wahrheit dieser Theorien überzeugt und so entschloss man sich zu einem Experiment vor Ort, einer spontanen Séance. Und tatsächlich, ausgerechnet der angeblich skeptische Karl May spürte ein heftiges Zittern seiner Hand und noch mehr den Drang, etwas niederzuschreiben. Als man ihm Papier und Stift brachte, notierte er tranceartig ein Gedicht, das ihm laut eigener Aussage von »der anderen Seite« eingegeben worden war. Zum allgemeinen Bedauern der diesseitigen Nachwelt ist jedoch dieses Zeugnis jenseitiger Lyrik nicht erhalten geblieben.

Das besondere Erlebnis

Wer von St. Ottilien noch etwas höher steigen möchte, kann die auf gut 550 Metern gelegene Kapelle St. Wendelin unterhalb des Kleinen Roßkopfs besuchen. Das jetzige kleine Gotteshaus geht auf eine Wiederherstellung 1895 zurück, die vor allem auf Veranlassung der Ebneter in Angriff genommen und von diesen eifrig unterstützt wurde. Eine Vorgängerin entstammte der Zeit um 1720 und war wohl Raststation für Pilger zum Schwarzwaldkloster St. Peter. In den Wäldern ringsum sind hin und wieder noch Reste von Wällen und Gräben erkennbar, die auf Schanzen während der französischen Belagerung Freiburgs zu Beginn des 18. Jahrhunderts zurückgehen.

29

IN DIE GRUBE GEFAHREN

Der Mösleschacht

Abseits der Wanderwege am Schönberg liegen im Wald die Fundamente eines einstigen Schachtes, der zu dem nur kurzlebigen Erzabbau in St. Georgen gehörte. Er wurde verfüllt und verlassen.

Stadtteil St. Georgen **Ort** Schönberg (zwischen Sängerruh und Unterer Schönberghof), 79111 Freiburg im Breisgau **GPS** 47.965359, 7.803078 **Anfahrt** Bus 11, Haltestelle Schneeburgstraße; Bahnhof St. Georgen (RB Freiburg–Basel Bad Bhf.)

Die Fundamente der einstigen Nebenbauten sind recht gut erhalten.

Die einzelnen Funktionen der Gebäude lassen sich nur noch erraten.

ERZFREUNDE Die Geschichte des Mösleschachtes ist eng verbunden mit derjenigen der Zeche in St. Georgen (siehe Kapitel 31), sodass diese beiden Kapitel sich gegenseitig ergänzen und beide Orte am besten gemeinsam aufgesucht werden sollten – was sich bei einer Wanderung am Schönberg durch Wälder und Reben ohnehin lohnt. Die Überreste der einstigen Bergbautätigkeiten stehen dabei oft in scharfem Kontrast zur Schönheit der Landschaft. Ende des 19. Jahrhunderts fanden erste Untersuchungen statt, die Hinweise gaben auf Erzvorkommen am Schönberg, weitere Forschungen nach dem Ersten Weltkrieg folgten, doch wurde der Abbau damals als nicht lohnenswert betrachtet. Festgestellt hatte man, dass in der Doggerschicht Erze gelagert sind, wobei sich das Flöz in einer Dicke von 4 bis maximal 7 Metern von Osten noch relativ nah an der Oberfläche Richtung Westen mit 25 Grad immer tiefer senkte, weitere Ausläufer reichten bis unter Mooswald. Ungünstig war jedoch, dass dies nicht durchgehend der Fall war, sondern aufgrund von Verwerfungen innerhalb des Flözes immer wieder Störungen vorlagen. Andere Erzlager, etwa in Lothringen, waren weitaus ergiebiger und von größerer Qualität. Doch diese waren inzwischen wieder an Frankreich gefallen, weshalb sich schließlich die an die Macht gekommenen Nationalsozialisten nach 1935 wieder für die südbadischen Rohstoffvorkommen zu interessieren begannen, wollten sie doch vom Ausland unabhängiger werden. Da die sogenannten Hermann-Göring-Werke den Vereinigten Stahlwerken aus Dortmund Grubenrechte abgenommen hatten, wurde diesen nun als Ausgleich erlaubt, im Schwarzwald Sondierungen zu unternehmen und sich Konzessionen zu beschaffen. Dies war auch am Schönberg der Fall: Der Eisengehalt des Flözes wurde auf gut 20 Prozent berechnet, aus wirtschaftlicher Sicht nicht gerade verlockend, aber im Sinne der neuen staatlich geförderten Autarkiebestrebungen als ausbeutenswert betrachtet.

EIN SCHACHT Drei Konzessionen wurden verteilt: für ein in Ost und West geteiltes Nordfeld und ein Südfeld um Bollschweil. Im östlichen Nordfeld entstanden ab 1937

↑ Manches wirkt reichlich labyrinthisch.
↗ Die Natur verschönert die Betonreste.

die Grube Schönberg bei St. Georgen und ein Abbau bei Ebringen. Am westlichen Rand des Nordfelds wurde in der Folge des beginnenden Bergbaus nach vorher getätigten zahlreichen Untersuchungsbohrungen der Mösleschacht errichtet. Aufgerichtet wurde hier ab August 1938 ein klassischer Förderturm, wie wir ihn als typisches Symbol eines Bergbaureviers etwa aus dem Ruhrpott oder dem Saarland kennen – nur natürlich in etwas kleinerem Maßstab. Der Förderkorb konnte entweder einen Wagen oder acht Personen aufnehmen. Letzteres dürfte häufiger der Fall gewesen sein, denn der Mösleschacht diente nicht dem Abtransport der gefundenen Erze, sondern hauptsächlich der Personenbeförderung und der Materialbeschaffung, etwa den Balken, um die Stollen zu befestigen. Selbst auf 382 Metern liegend, reichte der Schacht bis zu einem Stollen auf 308 Metern und dann zum großen Eisenbahnstollen auf 259 Metern, er war also insgesamt gut 133 Meter tief. An der Oberfläche wurde zudem der Möslestollen in die Erzschicht getrieben, um auch die oberen Vorkommen abbauen zu können. Doch der Betrieb währte nur wenige Jahre.

SCHICHTEN IN DEN SCHACHT Der Ausbruch des Zweiten Weltkriegs änderte bald die Lage für die Grube am Schönberg. Einerseits wurde Personal abgezogen, andererseits wurden die heimischen und doch nur von geringer Qualität und Ausbeute geprägten, zudem wirtschaftlich defizitären Vorkommen bald wieder von den in Frankreich mit Gewalt eroberten Erzstätten verdrängt. Schon im Mai 1942, nach kaum vier Jahren, kam für den Mösleschacht bereits wieder das Ende. Während die Zeche in St. Georgen selbst zwar stillgelegt, aber für eine eventuelle Wiederaufnahme ein Sicherungsnotbetrieb aufrechterhalten wurde, hatte man für den Mösleschacht schon jetzt keinerlei Verwendung mehr: Stollen und Schacht am Mösle wurden verfüllt, der Förderturm verschwand aus dem Landschaftsbild. 1957 wurde jegliche Hoffnung auf eine Neueröffnung der Grube Schönberg aufgegeben, obwohl die Konzessionen noch weiterliefen, da war das Gelände um den Mösleschacht längst von der Natur zurückerobert. Allerdings hatten die Bergleute beziehungsweise die für die Errichtung zuständigen Firmen, herbeigeholte Profis aus dem Ruhrgebiet, ganze und vor allem sehr solide Arbeit geleistet, wovon sich jeder Wanderer überzeugen kann, der hier in Richtung Unterer Schönberghof heraufsteigt und dann rechts im Wald die noch immer einige Meter aufragenden Fundamente des Förderturms und seiner Anbauten sieht. »Ich habe ein Denkmal errichtet, dauerhafter als Erz«, heißt es passenderweise einmal beim römischen Dichter Horaz, und dies gilt gewissermaßen auch für den Mösleschacht. Während die Erze wieder verborgen im Berg schlummern, ist durch die noch vorhandenen Betonmauern die Erinnerung an den Mösleschacht noch nicht vollkommen in Vergessenheit geraten.

Das besondere Erlebnis

Der traditionsreichere Bergbau um Freiburg fand natürlich im Kappeler Tal hoch zum Schauinsland statt, hier wurde im Mittelalter nach Silber, später Blei und Zink gegraben, seit 1954 sind die Gruben stillgelegt. Heute erinnern daran noch der Name Erzwäscherei nahe der Höllentalbahn sowie einige Stollenlöcher, die sich in den Tälern hinter Kappel auf verschiedenen Höhen weiterhin auffinden lassen. Hauptattraktion ist das Besucherbergwerk Schauinsland im sogenannten Gegentrum-II-Stollen auf 1189 Metern. Führungen und Sonderveranstaltungen werden angeboten (ausführliche Informationen unter: www.schauinsland.de/museums-bergwerk).

Geradezu gnädig legt sich das Laub über den verschütteten Schacht.

Fest verankert und doch nicht von Dauer

30

FUNDAMENTALISMUS

Flakstellung am Schönberg

Die Freiburger Flugabwehr steht im Ruf, nie sonderlich erfolgreich gewesen zu sein, im Zweiten Weltkrieg erwies sich die Stadt als eher flakunfähig. Widerstandsfähiger waren dagegen manche Überreste.

Ebringen **Ort** Schönberg (nördlich der Schneeburg), 79285 Ebringen **GPS** 47.964269, 7.796767 **Anfahrt** Bus 11, Haltestelle Schneeburgstraße; Bahnhof St. Georgen (RB Freiburg–Basel Bad Bhf.)

FLIEGER ÜBER FREIBURG Die Anfänge waren eher improvisiert, aber notwendig. Schon früh im Ersten Weltkrieg, Mitte Dezember 1914, wurde Freiburg Ziel erster sporadischer Luftangriffe, noch von einzelnen Maschinen oder Flugzeugpärchen ausgeführt, die ihre wenigen Bomben abwarfen. Die Militärführung reagierte mit der Einrichtung eines »Ballonabwehrkommandos« auf der Ludwigshöhe (siehe Kapitel 10), das aus starken Scheinwerfern und Geschützen bestand, ergänzt um einige Beobachtungsstationen um die Stadt. Der Erfolg war durchaus erkennbar, zwar gelangen nur wenige Abschüsse, aber zumeist konnte man die angreifenden Flieger abdrängen. Ein Zwischenfall im August 1915 hätte große Teile dieses Kapitels und vor allem sehr viel Leid überflüssig machen können. Die Freiburger Flugabwehr beschädigte einen Flieger und zwang ihn zum Landen. Dummerweise handelte es sich um ein Übungsmanöver deutscher Truppen, das Flugzeug war von einem berühmten Fliegeroffizier gesteuert worden: Hermann Göring. Fortan lief es aber auch generell nicht mehr wie gewünscht. Die stets vergrößerte Anzahl an Flakstationen und immer mehr Gerät standen in umgekehrtem Verhältnis zur Effektivität. Den Angreifern gelang es zusehends, durch Höhengewinn den Reichweiten der Flugabwehr auszuweichen. Daran änderten auch die zusätzlichen Geschützstationen auf dem hinteren Schlossberg oder in Haslach nichts, ebenso wenig wie die Einrichtung einer Flughauptwache im Colombi-Schlössle (siehe Kapitel 8). Zwar liest sich die Zahl von 30 Toten insgesamt angesichts der kommenden Ereignisse des Zweiten Weltkriegs vergleichsweise gering, trotzdem war Freiburg eine der meistbetroffenen Städte in den Jahren 1914–1918.

FEHLSCHÜSSE Besser wurde es nicht. Die auf dem Hildaturm am Lorettoberg (siehe Kapitel 24) eingerichtete »Flugwache« machte beim ersten größeren Luftangriff auf die Stadt am 10. Mai 1940 alles richtig und genau deshalb alles verkehrt. Sie sah deutsche Flieger auf Freiburg herankommen und löste dementsprechend keinen Alarm aus.

Beton und Eisen wirken wie verstreut, doch ein Muster ist erkennbar.

Das entscheidende Element ist abhanden-
gekommen – glücklicherweise.

Trotzdem warfen die Flugzeuge Bomben ab, 57 Menschen starben. Der Skandal, ein Versehen, wurde sofort vertuscht und ins Gegenteil verkehrt. Die Propaganda machte aus dem eigenen Versagen einen angeblich feigen Terrorangriff auf die friedliche Stadt. Ansonsten wiederholte sich bald das Bild des Ersten Weltkriegs, zwar wurden mehrere Flakstationen über die Stadt verteilt, etwa in Betzenhausen oder erneut in Haslach, aber ihre oft von sehr jungen Helfern bedienten Geschütze waren mehr Schau als Schutz: Ihre Höhenreichweite war viel zu gering für die alliierten Verbände. Während die innerstädtischen Standorte längst verschwunden sind und Ludwigshöhe sowie Hildaturm wieder von friedfertigen zivilen Besuchern als Ausguck genutzt werden, finden sich auf dem hinteren Schlossberg (siehe Kapitel 13) und unterhalb der Schneeburg am Schön-

berg – bereits knapp auf Ebringer Gemarkung – die überwachsenen Fundamente von Flugabwehrgeschützen.

Das besondere Erlebnis

Weit mehr als nur Fundamente findet man, wenn man den Pfad zur Ruine Schneeburg auf dem Kleinen Schönberg noch gänzlich hochsteigt. Doch deren Anfang und Ende sind mysteriös: Errichtet vermutlich um 1300 – die Erstnennung erfolgte 1312 – wurde sie gut zweihundert Jahre später bereits wieder aufgegeben. Die Besitzer der Ebringer Herrschaft, zu jener Zeit die von Hornberg, waren offenbar lieber ins Dorf selbst gezogen. Ihr Ansitz auf der Höhe verfiel, im Bauernkrieg 1525 lohnte sich nicht einmal mehr die Zerstörung.

31

NUR KURZ GEZECHT

Die Grube Schönberg in St. Georgen

Die Bergbaugeschichte von St. Georgen ist zumindest zeitlich sehr überschaubar. Sichtbar dagegen sind noch einige Hinterlassenschaften am Fuße des Schönbergs.

Stadtteil St. Georgen **Ort** Zechenweg 6, 79111 Freiburg im Breisgau **GPS** 47.974173, 7.800913 **Anfahrt** Bus 11, Haltestelle Kapellenwinkel; Bahnhof St. Georgen (RB Freiburg–Basel Bad Bhf.)

Die Schmalspurgleise der Bergwerksbahn sind noch vorhanden.

Im Vordergrund das Zechengelände, im Hintergrund St. Georgen

GLÜCK AUF AM SCHÖNBERG Man könnte es paradox formulieren: Es ist erstaunlich, wie wenig geblieben ist von einem großflächigen Betrieb, der einst immerhin über 900 Menschen beschäftigt hat. Oder: Es ist erstaunlich, wie viel geblieben ist von einem Betrieb, der gerade einmal sechs Jahre existiert hat. Die geologischen Voraussetzungen und die Vorgeschichte der Zeche in St. Georgen wurden bereits im Kapitel zum Mösleschacht (siehe Kapitel 29) ausführlicher erläutert, die Weimarer Republik hatte die Erzvorkommen am Schönberg zwar untersuchen lassen, aber die Ausbeutung für nicht rentabel gehalten, die Nationalsozialisten mit ihrem Streben nach Rohstoffunabhängigkeit sahen das anders und vergaben so an die Dortmunder Vereinigten Stahlwerke Konzessionen für den Abbau in drei Gebieten: Schönberg-Ost 1937, Schönberg-West 1938 und Bollschweil 1940. Nur die mittlere wurde tatsächlich genutzt, Schönberg-Ost blieb auf dem Papier, in Bollschweil wurde die Grube Steinberg zwar für Untersuchungszwecke eröffnet, aber bald darauf aufgrund des Kriegsgeschehens wieder geschlossen. Hauptwerk war also die Grube Schönberg, deren Anfänge beim alten Steinbruch lagen, der heutigen Schießstätte St. Georgen. Mit dem Abbau wurde 1937 auch sofort begonnen, obwohl die Konzession zu diesem Zeitpunkt noch nicht vorlag und zudem einiges improvisiert werden musste. Die gewonnenen Erze wurden vorerst auf Halde gelagert, bis dann eine Lkw-Strecke zum Südbahnhof eingerichtet worden war, die für wenig Begeisterung bei den Anwohnern sorgte, war sie doch mit viel Lärm und Dreck verbunden.

DER BETRIEB LÄUFT Doch der Ausbau der Zeche schritt voran: Als neuer Hauptzugang zu den Erzlagern wurde 1938 der sogenannte Eisenbahnstollen gebohrt, so benannt einerseits wegen seiner Nähe zum Bahnhof St. Georgen, mit dem er durch ein Nebengleis verbunden wurde, zum anderen, weil er selbst mit Schienen versehen war und durch eine Kleinbahn den Abtransport des geförderten Materials zum Bahnhof ermöglichte, die lästigen Lkw-Fahrten entfielen. Der gut 750 Meter lange Tunnel war auch an den neu

Es müsste schon mit dem Teufel zugehen, wenn die Zeche wiedereröffnet würde.

errichteten Mösleschacht angebunden, ein Stollensystem auf mehreren Sohlen bildete sich heraus. Vom Abbau in Ebringen her führte ab 1940 eine Seilbahn das dort gewonnene Erz zu den Anlagen am Bahnhof St. Georgen. Das Ortsbild des Stadtteils wurde folglich zunehmend von der Zeche geprägt: Am Bahnhof entstanden große Anlagen zur Vorbereitung des Weitertransports Richtung Ruhrgebiet, hohe Silos mit Brecher und Sieb bestimmten die Silhouette um die vergrößerten Gleisanlagen. Die Zentrale der Grube lag ursprünglich in der Innenstadt, wurde nach dem Luftangriff 1944 aber ebenfalls direkt auf das Zechengelände nahe dem Bahnhof verlegt, wo sich schon allerlei andere Bauten des Bergbaubetriebs befanden, von der Tankstelle bis zu Lagerhäusern. Da es in der Region zu wenig Bergleute gab, wurden diese aus typischen Abbauregionen wie dem Pott, dem Saarland und Oberschlesien herbeigeholt. Anfangs notdürftig in Baracken untergebracht, errichtete man den Arbeitern und ihren Familien nach und nach kleine Häuschen in Wohnsiedlungen rund um die Kirche in St. Georgen, woran etwa der Bergmannsweg erinnert. Die Angestellten aus den Büros und der Leitung des Betriebs erhielten etwas bessere Häuser in der heutigen Blumenstraße und der Häge. Teils verändert, sind diese ehemaligen »Bergmannssiedlungen« noch immer erkennbar. 1940 fielen die Nazis in Frankreich ein und eroberten die reichen Erzlagerstätten in Lothringen. Die südbadischen Vorkommen waren fortan kaum mehr interessant. Zum Höhepunkt der Grubenarbeit waren über 900 Menschen hier beschäftigt, aber zusehends wurde Personal für das Militär oder andere Zechen abgezogen, das man teilweise durch Zwangsarbeiter und Kriegsgefangene ersetzte, aber nach und nach auch verringerte. Das Ende der noch jungen Zeche zeichnete sich ab.

DIE SCHLIESSUNG Wirtschaftlich war die Grube ohnehin nie gewesen, sie war Teil eines politischen Planes und nur durch Subventionen am Leben zu halten, auch weil die Qualität des Erzes nicht unbedingt höchsten Ansprüchen genügte und die Lagerstätten durch zahlreiche geologische Störungen geprägt waren. Mit der Besetzung der lothringischen Erzgebiete war die Aufrechterhaltung des Abbaus am Schönberg obsolet geworden, immer mehr Bergleute wurden versetzt, sogar Waggons für den Abtransport wurden verlegt, sodass sich große Mengen an Erzen ansammelten, die nicht mehr abgeholt wurden. Im Mai 1942 wurde die Grube schließlich stillgelegt, nachdem in den Jahren seit 1937 1,4 Millionen Tonnen Erz gefördert worden waren. Zurück blieb nur eine kleine Rumpfmannschaft von 44 Mann, die die Sicherheit der Stollen gewährleisten sollte, falls es doch zu einer Wiedereröffnung kommen sollte. Was an Gerät brauchbar war, wurde teils auf andere Gruben verteilt. Nach dem Weltkrieg wurde das Personal noch einmal deutlich zusammengestrichen, die Konzessionen gingen an die Siegener Barbara Erzbergbau AG über, wurden sogar noch einmal verlängert, aber 1957 legte man die Idee eines Neubeginns endgültig ad acta. Nach und nach verschwanden nun die Zeugnisse des Bergbaus: Die 2 Kilometer lange Seilbahn von Ebringen erwischte es 1967, die Silos und Verladeanlagen am Bahnhof 1980. Geblieben ist als markantester Überrest der Eisenbahnstollen, dessen Eingang nahe den Gleisen ein Bild trägt, das deutlich den Geist der Zeit der 1930er-Jahre verkörpert – es steht unter Denkmalschutz. Auf dem Zechengelände siedelten sich erst die Waldorfschule, später verschiedene freie und künstlerische Projekte an. Ob das nun viele oder wenige Überbleibsel des St. Georgener Bergbaues sind, dürfen Sie selbst entscheiden.

Das besondere Erlebnis

Von dem südlich am Schönberg gelegenen Abbau bei Ebringen finden sich ebenfalls noch einige in der Landschaft beziehungsweise im Wald verstreute Überbleibsel, sowohl einige wenige Bauten und Fundamentreste als auch Verankerungen der Seilbahn nach St. Georgen und verschüttete Stollen. Schlagzeilen machten 2010 die Hinterlassenschaften der erwähnten kleinen Grube Steinberg bei Bollschweil. Aufgrund von Einbrüchen der Stollen mussten mehrere Zufahrtswege und die Bewirtschaftung einiger Weinberge gesperrt werden.

↓ Das Bähnchen fuhr einst tief in den Stollen.

↘ Dieses Kreuz entstand kurz vor dem Bau der Zeche.

Wieder zugänglich nach der überraschenden Entdeckung: der Bunker bei Opfingen

32

WEIN STATT WESTWALL

Der Sanitätsbunker Opfingen

Ein Bunker des Westwalls auf Opfinger Gebiet war längst verschüttet und vergessen, bis er nach gut fünfzig Jahren unvermutet wieder auftauchte. Er erinnert an üble Zeiten.

Stadtteil Opfingen **Ort** Burgunderpfad (Wanderweg), 79112 Freiburg im Breisgau **GPS** 48.001379, 7.692038 **Anfahrt** Bus 32 und 33, Haltestelle Rathaus Opfingen; Straßenbahn 1, Haltestelle Paduaallee (weiter mit Bus 32)

AM WESTWALL Noch 1981 hieß es in einer Dorfchronik für Opfingen: »Die seinerzeit von einer Strafkompanie gebauten zwei Sanitätsbunker im Gewann Halen fielen später der Rebumlegung zum Opfer.« Das sollte sich als falsch herausstellen, aber bis dahin vergingen fast noch einmal dreißig Jahre. Seinerzeit, das war die Ära des sogenannten Westwalls, den die Nationalsozialisten als vermeintliche Verteidigungslinie zur »Friedenssicherung« gegen Frankreich errichten ließen, obwohl das Nachbarland im Gegensatz zum eigenen Deutschen Reich gar keine aggressiven Angriffspläne schmiedete. Aber die Propaganda musste den Bruch des Versailler Vertrags, der solche Befestigungen offiziell untersagte, schließlich rechtfertigen. Bis 1936 lagen die Gebiete rechts des Rheins – und damit auch der Breisgau – in einer ausgedehnten entmilitarisierten Zone, die im Süden bis auf die Schwarzwaldhöhen reichte. Mit dem in diesem Jahr nicht sanktionierten Einmarsch deutscher Truppen ins Rheinland war dies obsolet geworden und so begannen in Berlin nun auch Pläne, an der Westgrenze von Kleve bis hinunter nach Basel ein gut 630 Kilometer langes Bollwerk zu errichten, gestaffelte Festungsanlagen aus Gräben, Sperren, Geschützständen und Bunkern. Einzelne solcher Bauten wurden ab dieser Zeit in die Landschaft gestellt, bevor mit dem sogenannten Limes-Programm ab Mai 1938 ein massiver und planmäßiger Ausbau begann, für den die Organisation Todt den Auftrag bekommen hatte. Fortan wurde dem Westwallbau Priorität eingeräumt; um den Bau zu beschleunigen, wurden die Anlagen nach Musterformen und mit genormten Teilen errichtet, Material wie Beton und Eisen in so großer Menge beansprucht, dass die restliche Bauwirtschaft darunter litt und andernorts viele Ressourcen knapp wurden. Hunderttausende an Arbeitern wurden benötigt, beziehungsweise benötigt, denn der Dienst am Westwall galt als ebenso schlecht bezahlt wie schlecht versorgt. Und er war auch sinnlos, während des deutschen Angriffs auf Polen 1939 geschah an der Westgrenze nichts, mit dem Überfall der Nazitruppen auf Frankreich verlor er 1940 seinen Zweck. Zu diesem Zeitpunkt waren viele der Bauten ohnehin noch nicht fertig. Was an Waffen und Ausrüstung vorhanden war, wurde abgezogen.

Trotz Restaurierung und erklärender Beschilderung wirkt der Bunker beklemmend.

AM TUNIBERG Im Süden wurde der Westwall weniger massiv ausgebaut, das galt sowohl für die Gesamtanlage als auch die einzelnen Stellungen, hier wurden nur Bunker der kleineren Kategorien verwendet, mit dünneren Wänden. Generell verließ man sich wie eh und je auf den Schwarzwald als natürliches Annäherungshindernis. Nur die Zugänge sollten besser bewacht werden, Rheinbrücken und Straßen. Westlich von Freiburg galt dies auch im Kleinen: Hier wurden der Kaiserstuhl und der Tuniberg als Hindernisse angesehen, lediglich dazwischen, von Ihringen bis Merdingen gab es eine stärkere Befestigungslinie. Auf dem Tuniberg wurden vereinzelte Geschützstellungen eingerichtet, und für diese auf der Ostseite 1939 die genannten beiden Sanitätsbunker bei Opfingen in Hügelkämme eingebaut. Hierfür kamen Arbeiter aus weiter Ferne in den Breisgau, aber auch manche Bewohner der umliegenden Orte leisteten etwa durch die Übernahme von Transportfahrten ihren Dienst ab. Im August des gleichen Jahres wurde dann, zur Vorbereitung des Polenfeldzugs, weil man mit Reaktionen Frankreichs rechnete, eine Artillerieabteilung nach Opfingen verlegt, die die Geschützstellungen im Tuniberg bezog. Doch es geschah – nichts. Der »Sitzkrieg« im deutschen Westwall und *drôle de guerre* in der gegenüberliegenden französischen Maginotlinie begann und endete mit der Niederlage Frankreichs im Frühjahr 1940. Der Westwall wurde überflüssig. Die Bevölkerung nutzte die leer stehenden Anlagen später gern als Vorratskeller.

Der Bunker wurde wohl zum Glück nie militärisch genutzt.

ER IST WIEDER DA Das änderte sich 1944. Der Krieg hatte eine Wende genommen, der »Führer« rief Ende August dazu auf, den Westwall zu reaktivieren. Das war ein von Panik getragenes, erneut sinnloses Unterfangen. Wie erinnerlich, waren große Teile ja nie fertiggestellt worden, dazu kam, dass die Waffentechnik in den Kriegsjahren enorme Fortschritte gemacht hatte, die Anlagen waren längst veraltet. Auch waren weder Material noch Arbeitskräfte vorhanden. Die Bevölkerung wurde deshalb zwangsrekrutiert, um mit primitiven Mitteln, Spaten und Schaufeln, das angeblich unüberwindbare Bollwerk wiederherzustellen. »Am 6. September 1944«, so berichtet der Historiker Gerd Ueberschär, »zogen die ersten Freiburger als ›Wehrkameraden‹ und ›Wehrkameradinnen‹ in ›Hundertschaften‹ aus der Stadt zu den Stellungen am Tuniberg und Kaiserstuhl, um Panzer-, Splitter- oder Deckungs-

Im Hügelkamm gut versteckt war und ist der Eingang (hinten rechts) kaum sichtbar.

gräben zu bauen.« Die Begeisterung für diese Einsätze hielt sich in Grenzen, noch schlimmer aber war, dass die notdürftig hergerichteten Unterstände ebenfalls von dem aus der Umgebung stammenden Männern des sogenannten Volkssturms besetzt werden sollten. Das gesamte Vorhaben erwies sich einmal mehr als Irrsinn, die anrückenden Alliierten durchbrachen den Westwall im Norden und umgingen ihn so ganz einfach auf dessen Rückseite, als sie sich den Oberrhein entlang auf Freiburg zubewegten. Der Opfinger Bunker war deshalb wohl nie im Einsatz, weder 1940 noch 1944/45. Die meisten Bauten des Westwalls wurden in der unmittelbaren Nachkriegszeit von den Alliierten zerstört, 1957 übernahm die Bundesrepublik die restlichen Anlagen, es war das Jahr, in dem der Sanitätsbunker unter den Weinbergen und damit aus dem Bewusstsein verschwand. Bis 2008, als es zu Bodeneinbrüchen zwischen den Rebstöcken und infolge zu seiner Wiederentdeckung kam. Der Bunker wurde ausgegraben, in Teilen renoviert, mit Informationstafeln ausgestattet und für Besucher geöffnet. Inmitten der schönen Landschaft, noch immer gut versteckt, ist er zum Mahnmal geworden.

Das besondere Erlebnis

Da die Winzergenossenschaft Opfingen den Sanitätsbunker der Öffentlichkeit zugänglich gemacht hat und betreut, sollte man, auch um sich von dieser martialischen Vergangenheit zu erholen, zum Dank und Ausgleich das Weinhaus in der Dorfmitte unterhalb der Kirche aufsuchen. Dort werden die Weine der örtlichen Winzer, weitere Sorten aus der Region, aber auch noch dies und das rund um die edlen Trauben angeboten. Zudem lädt die Genossenschaft immer wieder zu verschiedenen Veranstaltungen ein und vermietet Feierwilligen den historischen Ratskeller (Infos: www.weinhaus-opfingen.de).

33

WAS VOM DORFE ÜBRIG BLIEB …

Der Wippertskircher Hof

Groß war Wippertskirch nie, doch durchaus von einiger Bedeutung. Innerhalb weniger Jahre verschwand es Anfang des 19. Jahrhunderts fast komplett vom Erdboden.

Stadtteil Opfingen **Ort** Wippertskirch 7, 79112 Freiburg im Breisgau **GPS** 48.012045, 7.709902 **Anfahrt** Bus 31, Haltestelle Wippertskirch; Straßenbahn 1, Haltestelle Paduaallee (weiter mit Bus 31)

Plötzlich ganz allein: der Wippertskircher Hof

Besitzermarke: das Wappen des Abtes von Schuttern in der Ortenau

DIE ANFÄNGE Auch das ist Freiburg: Ein großer alleinstehender Hof im Tuniberg, umgeben von Feldern und den Rebhängen der Weinberge, kurz dahinter die Stadtgrenze. Womöglich würden einige Ausflügler und Touristen hierherkommen, um das barocke Landschlösschen eines berühmten Baumeisters und die alte Kirche von Wippertskirch zu bewundern, aber nichts davon ist mehr zu sehen. An der gleichnamigen Bushaltestelle steigt nur selten jemand aus. Dabei machten sich früher nicht wenige Menschen hierher auf, an Sonntagen, aber auch unter der Woche oder zu Festlichkeiten, denn sie besuchten hier den Gottesdienst ihrer Pfarrgemeinde, die für mehrere Ortschaften der Umgebung zuständig war, auch ein Friedhof war hier angelegt. Und dies seit sehr Langem. 1136 taucht Wippertskirch erstmals in einer Urkunde auf, schon damals verbunden mit der Benediktinerabtei Schuttern in der Ortenau, die für den Ort – und einige andere am Tuniberg – große Bedeutung hatte. Die Pfarrei mit dem Gotteshaus St. Peter (und Paul), zu der außerdem Kirchen und Kapellen in Opfingen, Harthausen, Waltershofen und St. Nikolaus gehörten, wurde dem Kloster unterstellt, 1327 schenkte Graf Konrad von Freiburg den gesamten Ort schließlich den Mönchen aus Schuttern, die hier eine kleine Propstei einrichteten, also eine Außenstelle ihrer Abtei, ein Klosterbruder war fortan auch zumeist der örtliche Pfarrer. Obwohl für gewöhnlich als Dorf bezeichnet, waren die Ausmaße allerdings sehr bescheiden; 1474 ist von einem Mesnerhaus, einem Wirtschaftsgut (Meierhof) und zwei Pfarrhäusern die Rede, womit wahrscheinlich das eigentliche Pfarrhaus und die Propstei gemeint sind. Dazu kamen natürlich die Peterskirche und der Friedhof.

IM NAMEN SCHUTTERNS Wippertskirch war also sehr klein, aber keineswegs bescheiden. Als wichtigster Außenposten in der Region hatte das Örtchen für die Belange des Klosters wichtige Funktionen, was vor allem die Opfinger zu spüren bekommen sollten.

Ein weiteres eingemauertes Wappenfragment

Die gehörten zwar überwiegend zur Markgrafschaft Baden, doch auch dort besaß Schuttern einige Güter und vor allem den Zehnten und das Patronatsrecht für die 1525 dort errichtete Kirche. Das war unproblematisch, bis 1555 der Markgraf die Reformation einführte. Anfangs gingen die Opfinger zwar ohnehin noch lieber hinüber nach Wippertskirch, und sie wollten auch erst einmal ihre katholischen Bräuche nicht lassen, doch schließlich setzte sich der Protestantismus durch. Schuttern hatte nachvollziehbarerweise eher wenig Interesse an der evangelischen Pfarrei, deren Pfarrer sie weiterhin zu bestätigen hatte, zuständig war das Kloster aber auch für Beteiligungen am Unterhalt der Kirche, was bei anstehenden Renovierungen und Bauarbeiten regelmäßig zu Streit führte. Mit Baumaßnahmen in Wippertskirch gab es dagegen naturgemäß weitaus weniger Probleme. Schon 1436 und 1720 war die Kirche erneuert worden, richtig stattlich wurde der Ort aber in den Jahren 1731 bis 1733, als ein neues Propsteigebäude errichtet wurde. Hierfür gewann man niemand Geringeren als den berühmten Vorarlberger Baumeister Peter Thumb, der unter anderem auch verantwortlich war für St. Peter und St. Ulrich im Schwarzwald oder die Wallfahrtskirche Birnau am Bodensee. Das Wippertskircher Vorhaben fiel dann wohl ebenfalls nicht allzu bescheiden aus, in der Umgebung galt es bald als »Schloss«. Größer geworden war das Dorf aber immer noch nicht, 1789 ist weiterhin von vier Häusern die Rede, wozu wahrscheinlich einige zusätzliche Wirtschaftsgebäude gehörten, insgesamt wurden 28 Einwohner gezählt. Gleichwohl war Wippertskirch für die Schutterner Untertanen der Region und die Katholiken der Umgebung der zentrale Ort.

ABWRACKPRÄMIEN Es sagt auch nicht wenig über das Dörfchen aus, dass die Beamten des badischen Großherzogtums, die den Schutterner Besitz während der Säkularisation auflisteten, den Wert der Gebäude auf 19 800 Gulden taxierten – im Vergleich mit 26 000 für die gesamte riesige Anlage des Mutterklosters in Schuttern. Dazu kamen natürlich die Ländereien, der ganze Streubesitz in der Region, die Rechte und Zinsen etc. All das fiel nun gratis an das badische Großherzogshaus, selbst die Möbel des Pfarrhauses, die der Pfarrer, der ehemalige Propst, der dort wohnen blieb, dem Neueigentümer abkaufen musste. Mit ihm blieb nur ein Hilfsgeistlicher vor Ort, die Dienstboten wurden entlassen. Der ehemalige Abt von Schuttern hatte das Recht, die Propstei weiterhin als Sommersitz zu nutzen, auch die Pächter auf den Meierhöfen, es ist von zweien die Rede, behielten vorerst ihre Verträge. Absatzbewegungen gab es dagegen von den Waltershofern, die ohnehin schon seit Langem über die weiten Wege bis Wippertskirch geklagt und eine eigene Pfarrstelle für ihre Kirche gefordert hatten. Sie bekamen mehr: Was der Abt von Schuttern stets verweigert hatte, setzte nun der – protestantische – Großherzog um, Waltershofen wurde 1816 zur Pfarrei erhoben und dafür außerdem mit Kunstwerken aus der Wippertskircher Peterskirche bedacht. Die war nun überflüssig geworden und wurde noch im gleichen Jahr abgebrochen. Zu diesem Zeitpunkt hatte der Großherzog den Ort selbst mit der Gräfin Wrbna, einer geborenen von Kageneck, getauscht, unter anderem gegen die Burgruine Zähringen, die für die Tradition seines Hauses von großer Bedeutung war. Die Gräfin war wohl eher an den Ländereien interessiert, nicht, wie man vermuten könnte, an der Propstei als Landschlösschen – die galt nämlich bereits als ziemlich heruntergekommen. In den 1820er-Jahren wurde sie ebenfalls abgerissen. Die Gräfin verkaufte ihren Besitz 1826 bereits wieder, von Wippertskich war nicht mehr übrig als ein Meierhof, jener, der heute an der Bushaltestelle steht, und den noch ein großes Schutterner Wappen ziert. 1891 wurde schließlich die Gemarkung Wippertskirch aufgelöst, nach einiger Diskussion über die Aufteilung fiel der Großteil 1897 an Opfingen.

Das besondere Erlebnis

Nicht besser als der Mutterkirche in Wippertskirch erging es den meisten ihrer Filialen, von denen nur Opfingen als erste und dann evangelische Abspaltung sowie Waltershofen als Nachfolgerin überlebten. Die Kirche zu Harthausen bei Merdingen verschwand mitsamt dem dazugehörigen Dorf, die einsam bei ihrem Friedhof genau zwischen Opfingen und St. Nikolaus stehende Bartholomäuskirche wurde letztmals 1454 erwähnt. Das kleine Gotteshaus in St. Nikolaus selbst, das immerhin bereits 1327 schriftlich erwähnt ist, wurde, seit Langem ungenutzt, 1768 abgebrochen.

Drumherum Leere: Die Nachbarbauten sind allesamt verschwunden.

Das Colombi-Schlössle präsentiert archäologische, aber auch düstere Vergangenheiten.

Deckel drauf: Hier endet unsere Reise durch das »andere« Freiburg.

REGISTER

IMPRESSUM

Verantwortlich: Dr. Johannes Abdullahi, Stefanie Krüger
Redaktion und Lektorat: Franka Virteburch
Korrektorat: Ralf J. Klumb | The Wordworms
Layout- und Reihengestaltung: Mathias Frisch
Covergestaltung: Rudi Stix
Satz: BUCHFLINK Rüdiger Wagner, Nördlingen
Repro: LUDWIG:media
Kartografie: Bruckmann Verlag GmbH, Heidi Schmalfuß
Herstellung: Alexander Knoll
Printed in Slovenia by Flojancic

Sind Sie mit diesem Titel zufrieden? Dann würden wir uns über Ihre Weiterempfehlung freuen.
Erzählen Sie es im Freundeskreis, berichten Sie Ihrem Buchhändler, oder bewerten Sie bei Onlinekauf.
Und wenn Sie Kritik, Korrekturen, Aktualisierungen haben, freuen wir uns über Ihre Nachricht an Bruckmann Verlag, Postfach 40 02 09, D-80702 München oder per E-Mail an lektorat@verlagshaus.de.

Unser komplettes Programm finden Sie unter www.bruckmann.de

Alle Angaben dieses Werkes wurden vom Autor sorgfältig recherchiert und auf den neuesten Stand gebracht sowie vom Verlag geprüft. Für die Richtigkeit der Angaben kann jedoch keine Haftung übernommen werden, weshalb die Nutzung auf eigene Gefahr erfolgt. Insbesondere bei GPS-Daten können Abweichungen nicht ausgeschlossen werden. Sollte dieses Werk Links auf Webseiten Dritter enthalten, so machen wir uns die Inhalte nicht zu eigen und übernehmen für die Inhalte keine Haftung.
In diesem Buch wird aus Gründen der besseren Lesbarkeit das generische Maskulinum verwendet. Weibliche und anderweitige Geschlechteridentitäten werden dabei ausdrücklich mitgemeint, soweit es für die Aussage erforderlich ist.

Empfehlung der Redaktion Sie sind auf der Suche nach weiterführender Literatur? Dann empfehlen wir Ihnen den Titel »Lost & Dark Places Bodensee« vom selben Autor.

Bildnachweis Alle Bilder im Innenteil und auf dem Umschlag stammen vom Autor.

Umschlagvorderseite: Steinschädel am Alten Friedhof, Kapitel 1
Umschlagrückseite: Das Greiffenegg-Schlössle, Kapitel 9

Die Deutsche Nationalbibliothek verzeichnet diese Publikation in der Deutschen Nationalbibliografie; detaillierte bibliografische Daten sind im Internet über http://dnb.d-nb.de abrufbar.

ISBN: 978-3-7343-2486-4